Elisabetta Aloisi, Nadia Fiamenghi, Elena Scaramelli

ANDIAMO!

Corso di italiano multilivello per immigrati adulti

PRE A1 - A1 - VERSO A2

Ristampe

6	5	4	3	2	1
2021	2020	2019	2018	2017	

ISBN 9788858325216

Nonostante la passione e la competenza delle persone coinvolte nella realizzazione di quest'opera, è possibile che in essa siano riscontrabili errori o imprecisioni. Ce ne scusiamo fin d'ora con i lettori e ringraziamo coloro che, contribuendo al miglioramento dell'opera stessa, vorranno segnalarceli al seguente indirizzo:

Loescher Editore
Via Vittorio Amedeo II, 18
10121 Torino
Fax 011 5654200
clienti@loescher.it

Loescher Editore Divisione di Zanichelli Editore S.p.A. opera con sistema qualità certificato KIWA-CERMET n. 11469-A secondo la norma UNI EN ISO 9001:2008

Coordinamento editoriale: Chiara Romerio, Manuela Iannotta
Realizzazione editoriale: Studio Zebra - Bergamo
- *Coordinamento redazionale*: Federica Gusmeroli
- *Redazione*: Elena Sottocornola, Celeste Carminati
- *Impaginazione*: Federica Assoni
Progetto grafico: Laura Rozzoni
Ricerca iconografica: Patrizia Mangano
Disegni: Giovanni Lombardi
Stampa: Vincenzo Bona S.p.A. Strada Settimo, 370/30 10156 Torino

Introduzione

Andiamo! è un manuale di **italiano L2 per adulti immigrati** adatto a **classi multilivello e multiculturali** per i livelli pre A1[1], A1 e A2.
Con "**multilivello**" ci riferiamo sia a tutte quelle situazioni in cui le abilità degli apprendenti sono disomogenee nella classe, sia a tutti i casi in cui le singole abilità di ciascun apprendente sono sviluppate in modo diverso. In queste classi l'insegnante si trova frequentemente a lavorare con gruppi classe che includono da un lato chi, magari già in Italia da qualche anno, ha raggiunto una discreta conoscenza dell'italiano orale ma, avendo alle spalle una bassa scolarità, ha difficoltà ad approcciarsi alla lingua scritta, presenta errori grammaticali di base ormai fossilizzati e fatica a riflettere sulla lingua, e dall'altro lato invece chi, neo arrivato in Italia, ha una scarsa o nulla conoscenza dell'italiano, ma, essendo sufficientemente scolarizzato nel proprio Paese di origine e avendo una buona conoscenza di lingue veicolari come l'inglese e il francese, ha una maggiore facilità a svolgere compiti scritti e ad affrontare argomenti di riflessione grammaticale.
Queste tipologie di apprendenti si trovano spesso nella stessa classe per ragioni organizzative, culturali o personali e questa condizione rischia di penalizzare gli studenti più fragili o demotivare quelli più preparati. Diventa quindi fondamentale lavorare con attività differenziate, che permettano a tutti gli studenti di sentirsi a proprio agio, valorizzando le competenze e le abilità di ciascuno, senza creare forzature nel percorso di apprendimento, che risulta così personalizzato.
Con "**multiculturale**" ci riferiamo a classi in cui sono presenti varie nazionalità e culture, dove, per esempio, alcuni concetti come la casa, il cibo e le professioni possono acquisire connotazioni e valori diversi. Anche i sistemi scolastici da cui provengono gli studenti variano a seconda delle condizioni geografiche e sociali del Paese di origine e, di conseguenza, le aspettative e l'approccio nei confronti della scuola, del metodo di studio e del rapporto con l'insegnante possono essere molto vari.
Inoltre, si possono trovare differenze significative nelle motivazioni dello studente immigrato che frequenta i corsi di italiano, che possono essere di tipo integrativo (per migliorare le proprie capacità relazionali e sociali) o di tipo strumentale (per esempio per la ricerca del lavoro o il superamento del test di livello A2 per il permesso di lungo soggiorno).
Il manuale *Andiamo!* si propone dunque di offrire all'insegnante che si trovi a operare in classi così variegate uno strumento che tenga in considerazione tutte queste componenti e fornisca strategie, tecniche e attività adatte a questi contesti di apprendimento.
Le situazioni e i temi proposti si riferiscono ad **ambiti tipici in cui si muovono gli immigrati adulti**, presentati anche attraverso **video**: la scuola di italiano, la ricerca della casa, gli uffici pubblici, la ricerca del lavoro, la salute, la spesa e l'alimentazione, ma anche il tempo libero, lo sport e il racconto di sé e della propria storia.
La **riflessione metalinguistica è limitata e semplificata**. Molti **esercizi** sono **differenziati per livello di difficoltà** e si riconoscono dal colore della consegna.
Numerosi sono gli **esercizi da svolgere in coppia e in gruppo**, favorendo così le attività cooperative che permettono a ciascuno di lavorare secondo le proprie abilità, e consentono allo stesso tempo un continuo confronto tra vissuti, idee e culture.

---

1 Il Quadro comune europeo di riferimento per le lingue al momento non fornisce descrittori per i livelli prebasici. Con l'indicazione "pre A1", qui ci riferiamo a studenti che, oltre ad avere una scarsa conoscenza della lingua italiana in generale, presentano difficoltà con la letto-scrittura e la riflessione grammaticale dovute a una debole scolarizzazione pregressa, condizione che viene spesso definita come "analfabetismo funzionale". Non ci riferiamo invece all'analfabetismo totale o primario, che necessita di attività e materiali specifici non presenti in questo volume.

I video si trovano online nell'area web del volume: www.imparosulweb.eu

INDICE

LA COMUNICAZIONE IN CLASSE

1. GUARDATE LE ICONE E MIMATE CHE COSA DOVETE FARE CON L'AIUTO DELL'INSEGNANTE.

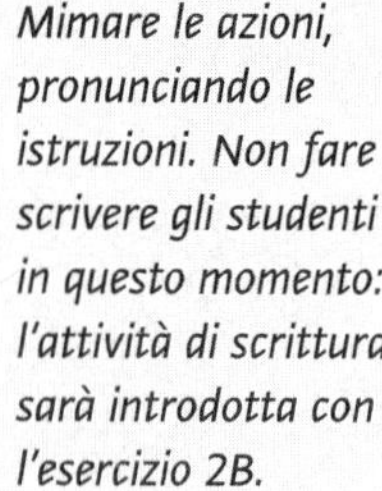

Mimare le azioni, pronunciando le istruzioni. Non fare scrivere gli studenti in questo momento: l'attività di scrittura sarà introdotta con l'esercizio 2B.

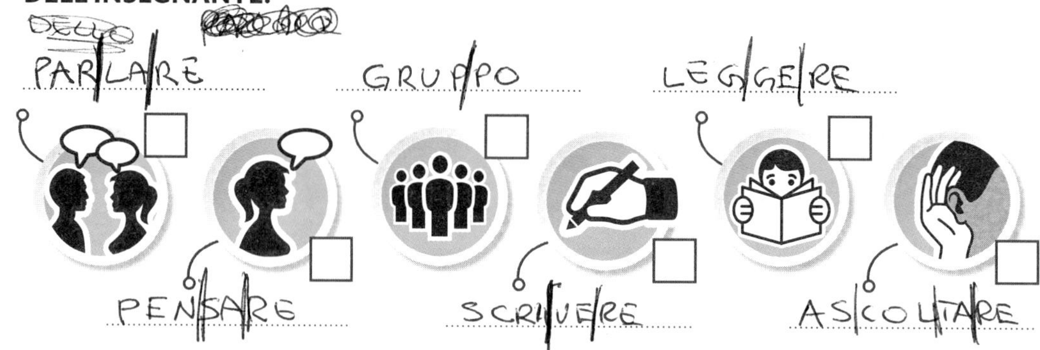

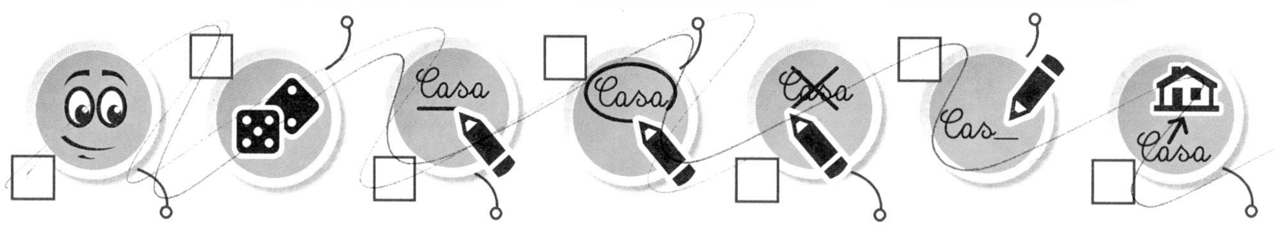

2.A ASCOLTA E SCRIVI I NUMERI DELLE ICONE CHE SENTI AL POSTO GIUSTO NELL'ESERCIZIO 1.

Nel volume le consegne in blu con il numero seguito dalla lettera A indicano che si tratta di un esercizio più semplice rispetto al successivo, che ha invece la consegna rossa e il numero seguito dalla lettera B. I due esercizi trattano lo stesso argomento. Gli studenti più veloci possono passare all'esercizio con la consegna rossa prima degli altri. Si consiglia di correggere gli esercizi con la consegna rossa a classe intera anche se non tutti gli studenti sono riusciti a terminarli.

2.B ASCOLTA DI NUOVO E SCRIVI LE PAROLE CHE SENTI AL POSTO GIUSTO NELL'ESERCIZIO 1.

3. LEGGETE E CERCATE DI CAPIRE LE FRASI CON L'AIUTO DELL'INSEGNANTE. POI SCRIVETE LA TRADUZIONE NELLA VOSTRA LINGUA.

Si consiglia di fare dei cartelli con queste frasi da appendere in classe.

COME SI DICE HELLO IN ITALIANO?

1. ....

COME SI SCRIVE?

2. ....

HO CAPITO.

3. ....

NON HO CAPITO.

4. ....

PUOI RIPETERE PER FAVORE?

5. ....

CHE COSA VUOL DIRE "MACCHINA"?

6. ....

L'ALFABETO ITALIANO

1. LEGGI E COMPLETA L'ALFABETO CON L'AIUTO DELL'INSEGNANTE.

E • L • T • P • C • F • V

A	B	....	D	....	....	G	H	I	....	M

N	O	....	Q	R	S	....	U	....	Z

2. LEGGI E RIPETI QUESTE LETTERE CHE NON CI SONO NELL'ALFABETO ITALIANO.

J (I LUNGA)

K (CAPPA)

W (VU DOPPIA)

X (ICS)

Y (IPSILON)

3. IN COPPIA A TURNO UNO DI VOI INDICA UNA LETTERA NELL'ESERCIZIO 1 E L'ALTRO LA PRONUNCIA AD ALTA VOCE.

I NUMERI

DA 0 A 10

1. ASCOLTA E RIPETI I NUMERI. POI SCRIVI LE CIFRE NELL'ORDINE GIUSTO E LEGGI AD ALTA VOCE.

3	5	1	7	9	8	6	4	0	2	10

0 → .... → .... → .... → .... → .... → .... → .... → .... → .... → .... → ....

2. IN COPPIA A TURNO UNO DI VOI INDICA UN NUMERO NELL'ESERCIZIO 1 E L'ALTRO LO PRONUNCIA AD ALTA VOCE.

3. **ABBINA CIFRE E PAROLE.**

TRE ZERO UNO QUATTRO OTTO NOVE

0 1 2 3 4 5 6 7 8 9 10

DUE CINQUE SEI DIECI SETTE

DA 11 A 20

1. **ASCOLTA E RIPETI.** ▶ 3

11	12	13	14	15	16	17	18	19	20

2. **ABBINA CIFRE E PAROLE.**

DODICI TREDICI UNDICI QUINDICI DICIANNOVE

11 12 13 14 15 16 17 18 19 20

QUATTORDICI SEDICI DICIOTTO VENTI DICIASSETTE

3. **IN COPPIA A TURNO UNO DI VOI INDICA UN NUMERO NELL'ESERCIZIO 1 E L'ALTRO LO PRONUNCIA AD ALTA VOCE.**

DA 20 A 100

1. **ASCOLTA E RIPETI.** ▶ 4

20 VENTI
30 TRENTA
40 QUARANTA
50 CINQUANTA
60 SESSANTA
70 SETTANTA
80 OTTANTA
90 NOVANTA
100 CENTO

2. **ASCOLTA E RIPETI.** ▶ 5

21 VENT**UNO**
22 VENTIDUE
23 VENTITRÉ
24 VENTIQUATTRO
25 VENTICINQUE
26 VENTISEI
27 VENTISETTE
28 VENT**OTTO**
29 VENTINOVE
30 TRENTA
31 TRENT**UNO**

3. **RIPETETE I NUMERI DA 0 A 100. UNO STUDENTE DICE IL NUMERO 0, POI IL VICINO DICE 1 E COSÌ VIA. RIPETETE DI NUOVO SOLO CON I NUMERI PARI (0, 2, 4...) O I NUMERI DISPARI (1, 3, 5...).**

I GIORNI DELLA SETTIMANA E I MESI

1. SCRIVI LE PAROLE AL POSTO GIUSTO. POI COMPLETA IL CALENDARIO CON I NOMI DEI MESI E DEI GIORNI MANCANTI, CON L'AIUTO DELL'INSEGNANTE.

GIORNO • SETTIMANA • MESE • ANNO

APRILE					
1	SABATO	11	MARTEDÌ	21	VEN............
2	....	12	....	22	............ATO
3	LUNEDÌ	13	GIOVEDÌ	23	............ENICA
4	....	14	....	24	............EDÌ
5	MERCOLEDÌ	15	SABATO	25	............TEDÌ
6	....	16	....	26	............EDÌ
7	VENERDÌ	17	LUN............	27	............VEDÌ
8	....	18	MAR............	28	............RDÌ
9	DOMENICA	19	MER............	29	....
10	....	20	GIO............	30	....

2017
GENNAIO
....
MARZO
....
MAGGIO
....
LUGLIO
....
SETTEMBRE
....
NOVEMBRE
....

I COLORI

1. SCRIVI LE PAROLE AL POSTO GIUSTO CON L'AIUTO DELL'INSEGNANTE.

NERO • VIOLA • AZZURRO • ARANCIONE • GIALLO • ROSSO • VERDE • BLU • BIANCO

1. .... 2. .... 3. .... 4. .... 5. ....

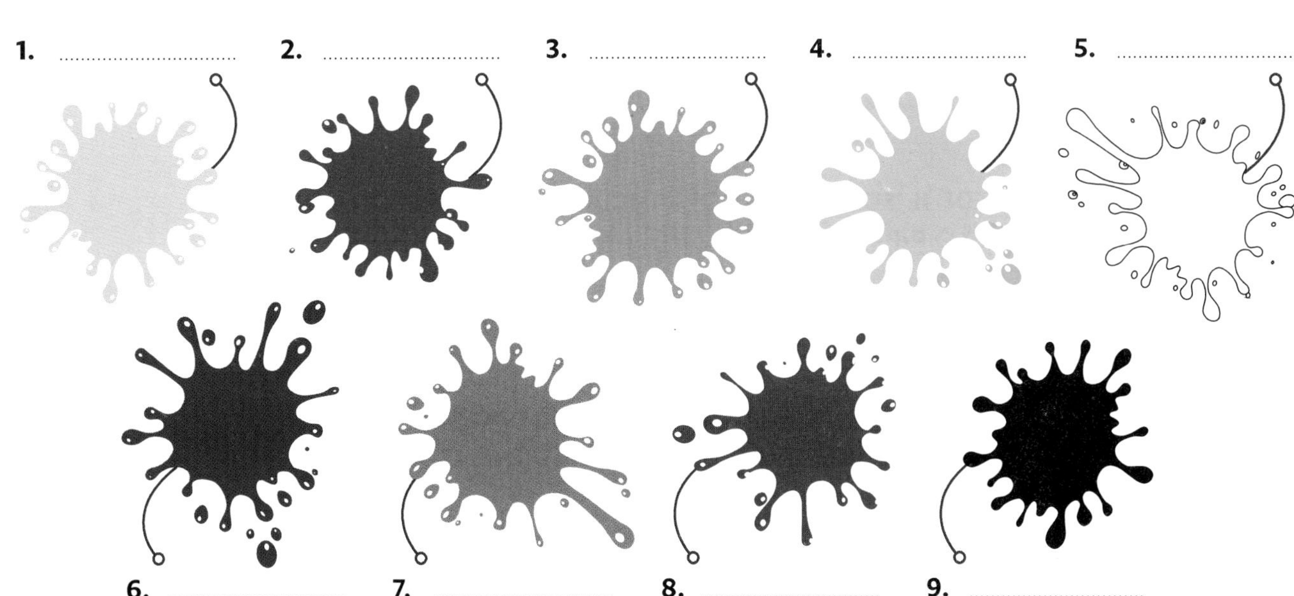

6. .... 7. .... 8. .... 9. ....

2. INDICA UN OGGETTO PRESENTE NELLA CLASSE E DI' DI CHE COLORE È.

UNITÀ 1

SAMIRA VA A SCUOLA DI ITALIANO

L'ANGOLO DELLA PRONUNCIA

PABLO È BOLIVIANO, ABITA A PARMA E PARLA BENE L'ITALIANO.

PARLIAMO DI...

1. GUARDA IL RITRATTO DI SAMIRA, POI DISEGNA IL TUO E QUELLO DELL'INSEGNANTE E SCRIVI SOTTO I NOMI E I COGNOMI.

Scrivere alla lavagna il proprio nome e disegnare il proprio autoritratto. Chiedere agli studenti di fare lo stesso sul libro.

CIAO! SONO SAMIRA DIRIE. QUESTO È IL MIO RITRATTO!

IO

1. Nome: SAMIRA
   Cognome: DIRIE
2. Nome: ....
   Cognome: ....
3. Nome: ....
   Cognome: ....

2. DI' IL TUO NOME, POI LANCIA LA PALLINA A UN COMPAGNO CHE LO RIPETE E DICE IL SUO. INIZIA L'INSEGNANTE.

Si può usare anche un foglio di carta appallottolato. In Appendice si trovano altre modalità di gioco.

3. IN COPPIA A TURNO RIPETETE IL DIALOGO. POI SCRIVETE IL VOSTRO NOME E QUELLO DEL COMPAGNO.

Fare una prova con uno studente per mostrare alla classe come si svolge l'attività.

IO	TU	IO
IO MI CHIAMO	E TU?	IO MI CHIAMO ....

CAPIAMO

IL PRIMO GIORNO DI SAMIRA ALLA SCUOLA DI ITALIANO

1. PRIMA DI ASCOLTARE, SCRIVI LE PAROLE AL POSTO GIUSTO.

CLASSE • STUDENTI • SEGRETARIA • INSEGNANTE

1. .... 2. .... 3. .... 4. ....

2. ASCOLTA E RISPONDI ALLE DOMANDE. ▸ 6

1. COME SI CHIAMA **LA SEGRETARIA**? ....
2. QUANTI **STUDENTI** PARLANO? ....
3. COME SI CHIAMA **L'INSEGNANTE**? ....

3.A ASCOLTA PIÙ VOLTE E COMPLETA LA TABELLA. ▸ 6

Alcuni studenti potrebbero avere bisogno di più ascolti per svolgere l'esercizio 3A, mentre gli studenti più veloci possono passare all'esercizio 3B, che poi, durante la correzione a classe intera, tutti potranno completare.

1.	NOME	*SAMIRA*	3.	NOME	
	COGNOME			COGNOME	
	INDIRIZZO			INDIRIZZO	
	ANNI			ANNI	*19*
	NAZIONE			NAZIONE	
2.	NOME		4.	NOME	
	COGNOME			COGNOME	*ESSAFA*
	INDIRIZZO	*VIA PARINI 6*		INDIRIZZO	
	ANNI			ANNI	
	NAZIONE	*BOLIVIA*		NAZIONE	

3.B ASCOLTA ANCORA E COMPLETA LE FRASI. ▸ 6

1. Buongiorno a tutti. .... al corso di italiano.
   Io sono la segretaria della .... e mi chiamo Anna.
2. .... Samira e vengo dalla Somalia. ....
   a Torino, in via Verdi 36.
3. ● Come si .... il tuo nome, per favore?
   ■ S-I-R-I-S-H.
4. .... a tutti! Mi chiamo Daniela. Possiamo cominciare la nostra .... di italiano, allora. .... in classe!

COSA DICIAMO PER...

1. IN COPPIA COMPLETA LA PRIMA COLONNA CON LE TUE INFORMAZIONI. POI FAI LE DOMANDE AL TUO COMPAGNO E SCRIVI LE SUE RISPOSTE.

	IO	TU	IO
NOME	IO MI CHIAMO	E TU?	IO MI CHIAMO ....
	IO HO	E TU?	IO HO ....
	IO SONO	E TU?	IO SONO ....
via Verdi	IO ABITO A .... IN	E TU?	IO ABITO A .... IN ....

2. IN COPPIA QUALI SONO I SALUTI ADATTI A QUESTE SITUAZIONI? SCRIVETE IL SALUTO CORRETTO AL POSTO GIUSTO, POI CONTROLLATE CON LA CLASSE.

Sono possibili più soluzioni. Parlarne con gli studenti.

BUONGIORNO • BUONASERA • BUONANOTTE • CIAO • ARRIVEDERCI • CI VEDIAMO

1. ....
3. ....
5. ....

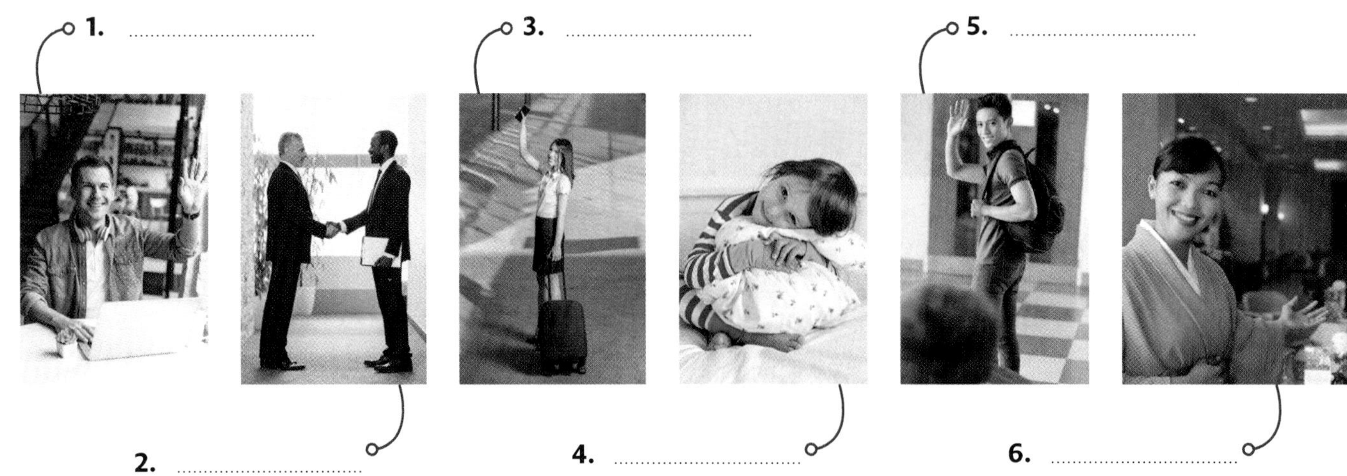

2. ....
4. ....
6. ....

3. COME VI SALUTATE NEL VOSTRO PAESE?

IMPARIAMO LE PAROLE

1. SCRIVI I NOMI DEI PAESI AL POSTO GIUSTO. POI CERCHIA IL TUO E MOSTRALO ALLA CLASSE.

In Appendice si trova un planisfero più grande fotocopiabile.

ITALIA • MAROCCO • INDIA • BOLIVIA • SOMALIA

1. ....
2. ....

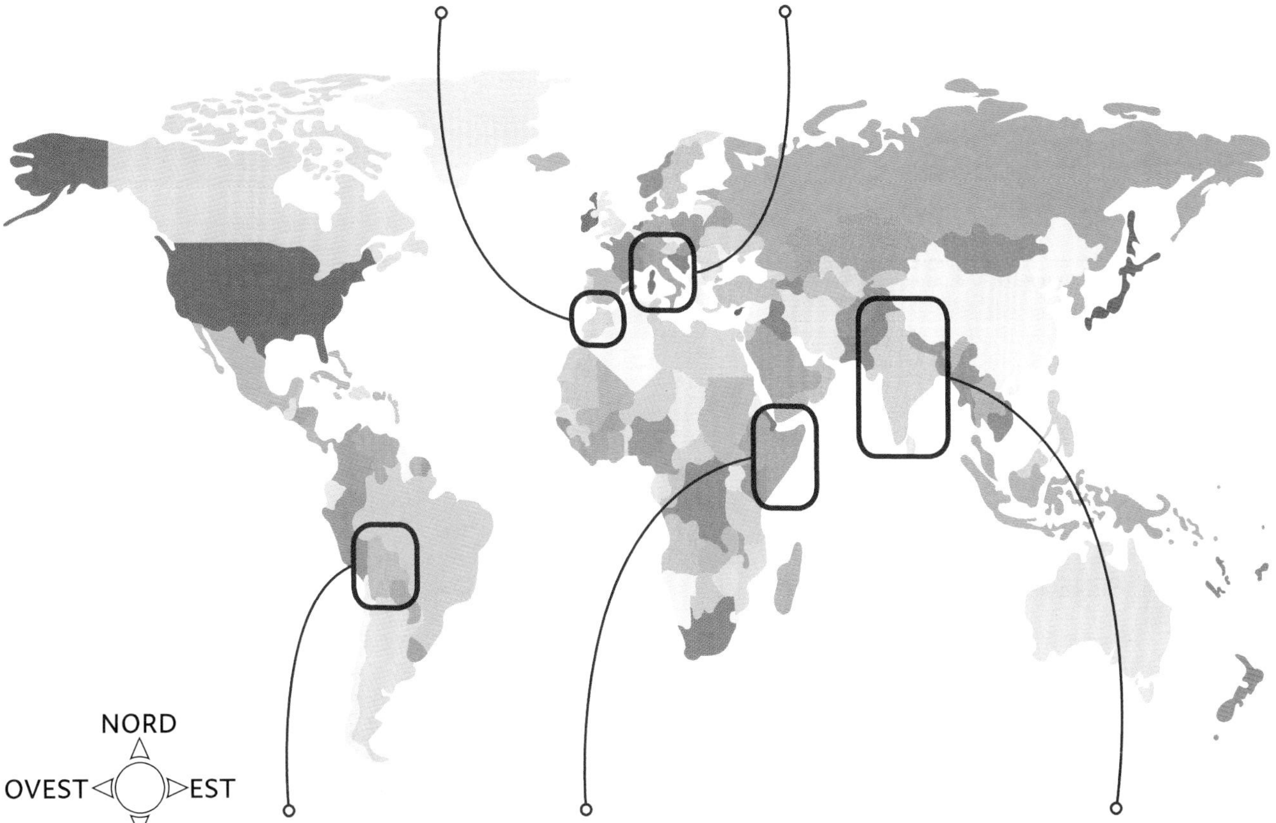

NORD
OVEST
EST
SUD

3. ....
4. ....
5. ....

2. ABBINA E COMPLETA CON LE TUE INFORMAZIONI.

SONO NATO IN...	SONO...
1. ITALIA	**A.** ETIOPE
2. PERÙ	**B.** PACHISTANO
3. ETIOPIA	**C.** ITALIANO
4. EGITTO	**D.** CINESE
5. PAKISTAN	**E.** EGIZIANO
6. CINA	**F.** PERUVIANO
7.	**G.** ....

STUDIAMO LA GRAMMATICA

GLI AGGETTIVI DI NAZIONALITÀ

1. COMPLETATE LA TABELLA E RIFLETTETE SULLE LETTERE IN ROSSO O IN BLU CON L'AIUTO DELL'INSEGNANTE.

BANDIERA E NAZIONE	UOMO	DONNA	UOMINI	DONNE
1. INDIA	INDIANO	INDIANA	INDIANI	INDIANE
2. MAROCCO		MAROCCHINA		
3. SOMALIA				
4. BOLIVIA				BOLIVIANE
5. ITALIA				
6. UCRAINA	UCRAINO			
7. CINA	CINESE	CINESE	CINESI	CINESI
8. SENEGAL			SENEGALESI	
9. E TU?				

ANDIAMO!

1. COME SI CHIAMANO QUESTI PAESI NELLE VOSTRE LINGUE?

ITALIA • CINA • RUSSIA • STATI UNITI • NIGERIA • GERMANIA

2. QUALI LINGUE SI PARLANO NEI VOSTRI PAESI? QUALI LINGUE PARLATE VOI?

È un'attività di "decompressione", per alleggerire la fatica. Serve anche a creare un clima piacevole in classe, in cui lo studente ha lo spazio per parlare di sé e della propria cultura.

PARLIAMO DI...

1. IN COPPIA LEGGETE IL DIALOGO, POI GIOCATE CON I NOMI ITALIANI. 

Tagliare le carte con i nomi in Appendice e distribuirne almeno 8 differenti per coppia. Spiegare che sono nomi di persona comuni in Italia. A turno uno studente pesca una carta e legge ad alta voce il nome. L'altro domanda: «Come si scrive?» e il compagno detta il nome lettera per lettera facendo lo spelling, presentato nell'Unità 0. Passare tra i banchi per verificare.

● MI CHIAMO MARCO.
■ COME SI SCRIVE?
● M-A-R-C-O.

2. DETTA IL TUO NOME E COGNOME ALL'INSEGNANTE. ATTENZIONE ALLE LETTERE J, K, X, Y, W.

Scrivere alla lavagna i nomi che dettano gli studenti.

3. COMPLETA IL MODULO DI ISCRIZIONE DI SAMIRA ALLA SCUOLA DI ITALIANO.

~~NOME~~ • COGNOME • INDIRIZZO • NAZIONALITÀ • NUMERO DI TELEFONO • DATA DI NASCITA

Scuola di italiano ANDIAMO!
via delle Parole 8, Torino (TO) - Tel. 011 987654

NOME .... : Samira
.... : Dirie
.... : 25 aprile 1991
.... : via Verdi 36
.... : somala
.... : 360 4588706

4. ADESSO COMPLETA IL TUO MODULO. 

Fotocopiare il modulo in Appendice e farlo compilare con i dati dello studente e della scuola frequentata dallo studente.

CAPIAMO

1.A ASCOLTA E RIPETI LE DOMANDE DELLA SEGRETARIA DELLA SCUOLA. POI SCRIVI LE PAROLE NELL'ORDINE GIUSTO E RISPONDI CON I TUOI DATI.

1. ● CHIAMI / COME / TI / ?
   ....?
   ■ ....
2. ● ABITI / DOVE / ?
   ....?
   ■ ....
3. ● QUANTI / HAI / ANNI / ?
   ....?
   ■ ....
4. ● SEI / DOVE / DI / ?
   ....?
   ■ ....

1.B ABBINA LE DOMANDE E LE RISPOSTE.

1. Come ti chiami?	A. Via Verdi 36.
2. Come si scrive il tuo cognome?	B. 25.
3. Quanti anni hai?	C. Samira Dirie.
4. Dove abiti?	D. D-i-r-i-e.
5. Di dove sei?	E. A Torino.
6. Qual è il tuo indirizzo?	F. Sono somala.

Evitare di soffermarsi a spiegare nel dettaglio le regole grammaticali, ogni studente imparerà la forma corretta relativa al suo Paese di provenienza.

CI SONO DUE MODI PER CHIEDERE E DIRE LA NAZIONALITÀ.

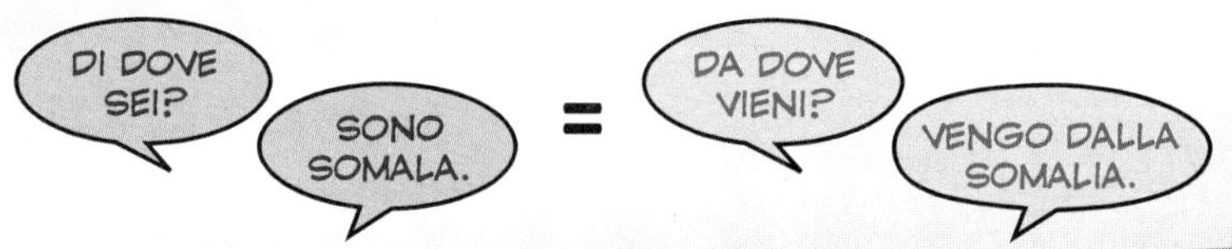

ANDIAMO!

1. IN COPPIA LEGGETE IL DIALOGO E POI GIOCATE CON LA CARTINA DELL'ITALIA.

1. DOVE ABITI?
2. A RIVOLI.
3. **DOV'È** RIVOLI?
4. **VICINO A** TORINO.

Fotocopiare la mappa in Appendice e distribuirla alle coppie di studenti insieme alle carte con i nomi delle città.

2. GIOCHIAMO ALLA SCUOLA DI ITALIANO! COMPILATE I MODULI.

Fotocopiare i moduli in Appendice. Dare ad alcuni studenti il ruolo di "segretari" della scuola di italiano, cominciando eventualmente con gli studenti di livello più alto. I segretari devono raccogliere i dati dei compagni di classe facendo le domande: «Come ti chiami?», «Dove abiti?» ecc. Quando opportuno, cambiare i ruoli in modo che tutti provino a fare i "segretari".

STUDIAMO LA GRAMMATICA

IL VERBO *ESSERE*

1. SCRIVI LE PAROLE AL POSTO GIUSTO.

~~NOI~~ • TU • VOI • IO

1. .... 2. .... 3. *NOI*..................... 4. ....

2. COMPLETA CON IL VERBO *ESSERE* CON L'AIUTO DELL'INSEGNANTE.

SIAMO • ~~SONO~~ • SEI • SIETE

1.  (IO) *SONO*...... ITALIANO.
2.  (TU) NON .... MAROCCHINO.
3.  (NOI) .... AFRICANI.
4. (VOI) .... CINESI.

3. COMPLETA CON IL VERBO *ESSERE*.

1. ●  DI DOVE ....?
   ■  .... INDIANO.
2. ●  .... SENEGALESE?
   ■  NO, ... GHANESE.
3. ●  DI DOVE ....?
   ■  .... INDIANI.
4. ●  .... GIAPPONESI?
   ■ NO, ... CINESI.

4. SCRIVI LE PAROLE AL POSTO GIUSTO.

LORO • LUI • LEI

1. .... 2. .... 3. ....

5.A COMPLETA CON IL VERBO *ESSERE*.

SIAMO • È • SONO • SIETE • SEI • ~~SONO~~

1. IO *SONO* ITALIANO.
2. TU .... INDIANO.
3. LUI/LEI .... CINESE.
4. NOI .... AFRICANI.
5. VOI NON .... CINESI.
6. LORO .... INDIANI.

5.B COMPLETA CON IL VERBO *ESSERE* E ABBINA LE IMMAGINI.

1. Marco .... italiano.
2. Io e il mio amico Eric .... francesi.
3. Luis e Anamaria non .... peruviani.
4. Katarina .... ucraina.
5. Tu e Hamed .... marocchini.

LE PREPOSIZIONI *IN* E *A* NEGLI INDIRIZZI

6. SCRIVI LE PAROLE AL POSTO GIUSTO. POI AGGIUNGI I TUOI DATI.

~~CINA~~ • ROMA • INDIA • ~~VIA PARINI 7~~ • BANGLADESH • ~~PARIGI~~ • PIAZZA GARIBALDI 3 • MOGADISCIO • VIALE TURATI 126

CITTÀ	NAZIONE	INDIRIZZO
PARIGI	*CINA*	*VIA PARINI 7*
IO	IO	IO ....

7. LEGGI E COMPLETA LA REGOLA CON L'AIUTO DELL'INSEGNANTE.

ABITO **IN** ITALIA, **A** ROMA, **IN** VIA BOLLANI 76.

IN con le ....,
A con le ....,
IN con gli ....

8. COMPLETA CON I TUOI DATI. POI LEGGI AD ALTA VOCE.

ABITO ...., ..., ...
(NAZIONE) (CITTÀ) (INDIRIZZO)

IMPARIAMO A...

dire le ore

1. ASCOLTA E COMPLETA LA TABELLA.

Fare ascoltare l'audio tutte le volte che è necessario, fino a quando tutti gli studenti avranno completato la tabella.

CORSO DI ITALIANO LIVELLO B1		
GIORNI	DALLE	ALLE

2. ASCOLTA E COMPLETA LA TABELLA.

MOGLIE DI MAMADOU	SAMIRA
LIVELLO A1	LIVELLO A2
COMINCIA ALLE 11	....
FINISCE	....

3. SCRIVI I GIORNI E GLI ORARI DEL TUO CORSO DI ITALIANO.

GIORNI	DALLE	ALLE

4. LEGGETE IL VOLANTINO E RISPONDETE ALLE DOMANDE.

Scuola di italiano ANDIAMO!
via delle Parole 8, Torino (TO) - Tel. 011 987654

LIVELLI	GIORNI	ORARI	COSTI
LIVELLO A1	LUNEDÌ E GIOVEDÌ	11:00 - 13:00	25 €
LIVELLO A2	LUNEDÌ E GIOVEDÌ	9:00 - 11:00	30 €
LIVELLO B1	MARTEDÌ E VENERDÌ	18:00 - 20:00	35 €
LIVELLO B2	MARTEDÌ E VENERDÌ	20:00 - 22:00	40 €

LA SEGRETERIA È APERTA DALLE 14 ALLE 18 IL LUNEDÌ E IL GIOVEDÌ
E DALLE 9 ALLE 13 IL MARTEDÌ E IL VENERDÌ.
IL MERCOLEDÌ LA SCUOLA È CHIUSA.

1. IN QUALI GIORNI È IL CORSO DI LIVELLO A1? A CHE ORA COMINCIA? A CHE ORA FINISCE?
2. IN QUALI GIORNI È IL CORSO DI LIVELLO B2? A CHE ORA COMINCIA? A CHE ORA FINISCE?
3. QUANTO COSTA IL CORSO DI LIVELLO A2?
4. QUANDO POSSO ANDARE IN SEGRETERIA?

ANDIAMO!

IN COPPIA **QUANDO È IL CORSO DI ITALIANO?**

Uno studente fa il segretario, l'altro chiede informazioni sul livello del corso al quale vuole iscriversi. Se possibile, procurarsi la tabella degli orari della scuola frequentata dallo studente, altrimenti usare quella in Appendice.

5. LEGGI LE ORE CON L'AIUTO DELL'INSEGNANTE.

17:50

12:10

6. ASCOLTA E SCRIVI LE ORE IN CIFRA.

1. 2:15
2. ....
3. ....
4. ....
5. ....
6. ....
7. ....
8. ....

ANDIAMO!

IN COPPIA
CHE ORE SONO?

Fotocopiare per ogni studente una tabella in Appendice e fare completare la prima colonna di orologi con le lancette a piacere. Poi, in coppia, gli studenti si chiedono l'ora per completare gli orologi della seconda colonna.

UNITÀ 2

SAMIRA CERCA CASA

L'ANGOLO DELLA PRONUNCIA

SAMIRA CERCA UNA CASA VICINO AL CENTRO DELLA CITTÀ.

PARLIAMO DI...

1. GUARDATE LE FOTO E DITE I NOMI DELLE PARTI DELLA CASA. POI SCRIVETELI AL POSTO GIUSTO.

Prima di svolgere l'esercizio sul libro, fotocopiare, eventualmente ingrandite, e ritagliare le foto qui sotto. Poi ripetere i nomi insieme alla classe.

CAMERA DA LETTO • GARAGE • BAGNO • ASCENSORE • SOGGIORNO • TERRAZZO • CANTINA • CUCINA

1. ....

2. ....

3. ....

4. ....

5. ....

6. ....

7. ....

8. ....

CAPIAMO

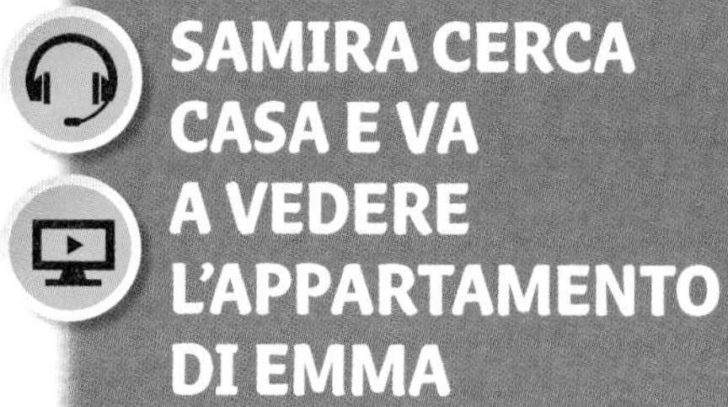

SAMIRA CERCA CASA E VA A VEDERE L'APPARTAMENTO DI EMMA

1. GUARDA/ASCOLTA E INDICA SÌ O NO.

▸1 ▸11

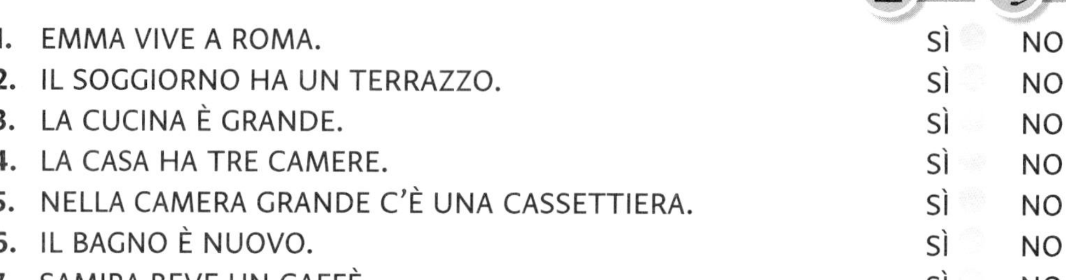

		SÌ	NO
1.	EMMA VIVE A ROMA.	SÌ	NO
2.	IL SOGGIORNO HA UN TERRAZZO.	SÌ	NO
3.	LA CUCINA È GRANDE.	SÌ	NO
4.	LA CASA HA TRE CAMERE.	SÌ	NO
5.	NELLA CAMERA GRANDE C'È UNA CASSETTIERA.	SÌ	NO
6.	IL BAGNO È NUOVO.	SÌ	NO
7.	SAMIRA BEVE UN CAFFÈ.	SÌ	NO

2. GUARDA/ASCOLTA DI NUOVO E SEGNA CON UNA X LA PARTE DELLA CASA A CUI SI RIFERISCONO LE DESCRIZIONI.

▸1 ▸11

1. È LUMINOSO E GRANDE. — SOGGIORNO / BAGNO
2. È GRANDE E PANORAMICO. — TERRAZZO / SOGGIORNO
3. È COMODA E PICCOLA. — CAMERA DA LETTO / CUCINA
4. È BELLO E NUOVO. — TERRAZZO / BAGNO

3. GUARDA/ASCOLTA ANCORA E LEGGI LE FRASI. COMPLETA CON ? SE LA PERSONA FA UNA DOMANDA.

▸1 ▸11

1. QUESTO È IL SOGGIORNO. È LUMINOSO E GRANDE..........
2. E QUESTA È LA CUCINA. È LUMINOSA, COME PIACE A TE, E COMODA..........
3. E LE CAMERE..........
4. CI SONO DUE CAMERE E UN BAGNO..........
5. E LA CAMERETTA..........
6. CI SONO UN LETTO, UN ARMADIO E UNA SCRIVANIA..........
7. C'È ANCHE UNA CANTINA, GIUSTO..........

4. ASCOLTA E RIPETI.

▸12

Fare notare il tono ascendente delle domande.

IMPARIAMO LE PAROLE

1.A GUARDA LA PIANTINA DELLA CASA DI EMMA E CERCHIA IL NOME GIUSTO DEI MOBILI DELLA CASA.

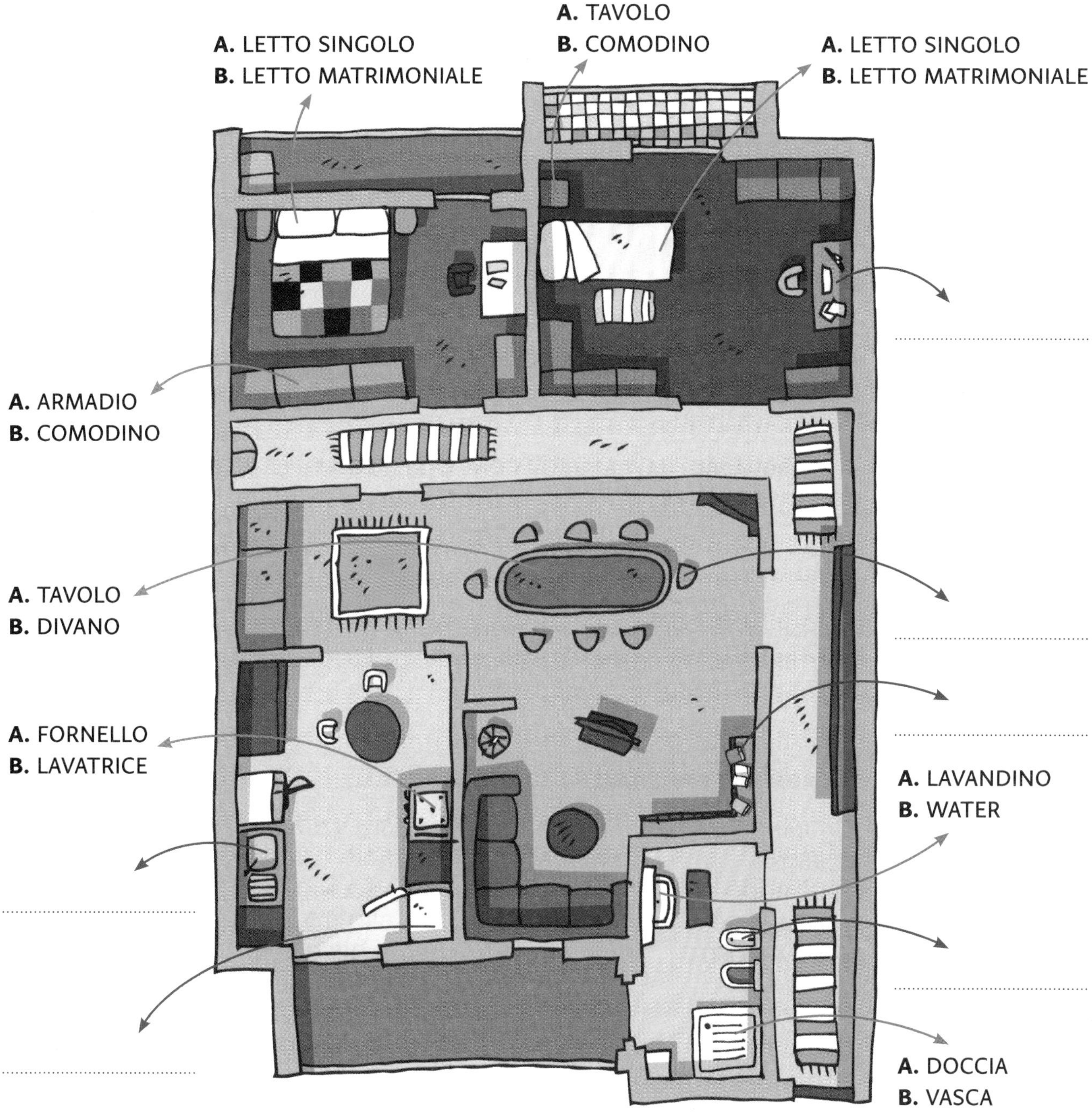

A. LETTO SINGOLO
B. LETTO MATRIMONIALE

A. TAVOLO
B. COMODINO

A. LETTO SINGOLO
B. LETTO MATRIMONIALE

....

A. ARMADIO
B. COMODINO

A. TAVOLO
B. DIVANO

....

....

A. FORNELLO
B. LAVATRICE

A. LAVANDINO
B. WATER

....

....

....

A. DOCCIA
B. VASCA

1.B GUARDA LA PIANTINA DELL'ESERCIZIO 1A E SCRIVI I NOMI AL POSTO GIUSTO.

SCRIVANIA • LAVELLO • SEDIA • FRIGORIFERO • LIBRERIA • BIDET

2. SOTTOLINEA LA FRASE GIUSTA, COME NELL'ESEMPIO.

1. **A.** LA CAMERA È BELLA.
   B. LA CAMERA È BUONA.
2. **A.** IL SOGGIORNO È INTELLIGENTE.
   B. IL SOGGIORNO È LUMINOSO.
3. **A.** LA CUCINA È COMODA.
   B. LA CUCINA È RILASSATA.
4. **A.** IL BAGNO È NUOVO.
   B. IL BAGNO È GIOVANE.

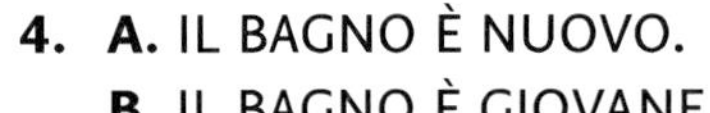

3. A SQUADRE IMPARIAMO I CONTRARI. SEGUITE LE ISTRUZIONI DELL'INSEGNANTE.

Dividere la classe in squadre di 3 o 4 studenti di livelli differenti e disporre le squadre in fondo all'aula. Consegnare a ogni squadra gli "Aggettivi per gli studenti" situati in Appendice. L'insegnante dice ad alta voce uno degli "Aggettivi per l'insegnante". Quando una squadra trova il contrario dell'aggettivo detto dall'insegnante, uno dei suoi componenti consegna la carta all'insegnante. Se la risposta è sbagliata, lo studente torna al posto e si ripete l'attività con lo stesso aggettivo. Se, invece, la risposta è corretta, si assegna un punto alla squadra. Vince la squadra che ottiene più punti.

4. ABBINA I CONTRARI.

1. GRANDE	**A.** SILENZIOSO
2. BELLO	**B.** BUIO
3. COMODO	**C.** VECCHIO
4. LUMINOSO	**D.** BRUTTO
5. RUMOROSO	**E.** SPORCO
6. CARO	**F.** ECONOMICO
7. NUOVO	**G.** PICCOLO
8. PULITO	**H.** SCOMODO

ANDIAMO!

IN COPPIA A TURNO DITE UNA FRASE PER OGNI AGGETTIVO DELL'ESERCIZIO 4.

Dopo avere svolto l'attività oralmente, si possono fare scrivere le frasi sul quaderno.

STUDIAMO LA GRAMMATICA

I NOMI E GLI AGGETTIVI IN *-O/-A*

1. ABBINA MASCHILE E FEMMINILE.

In alcune lingue, tra le quali l'inglese, i sostantivi non hanno genere. Quindi il concetto di genere femminile e genere maschile può essere difficile.

RICORDA!

IN ITALIANO TUTTI I NOMI (ANCHE DI OGGETTI) SONO MASCHILI O FEMMINILI. QUASI SEMPRE I NOMI CHE FINISCONO CON **-O** SONO MASCHILI E CON **-A** SONO FEMMINILI.

1. CAMERA **2.** SOGGIORNO **3.** CANTINA

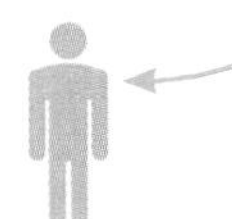

4. TERRAZZO **5.** BAGNO **6.** CUCINA

2. COMPLETA LE FRASI.

1. LA CAMERA È VECCHIA.
2. IL BAGNO È NUOVO.
3. LA SCRIVANI.......... È DISORDINAT..........
4. IL SOGGIORN.......... È ORDINAT..........
5. IL TAVOL.......... È SPORC..........
6. LA DOCCI.......... È PULIT..........
7. LA SEDI.......... È ROSS..........
8. IL LETT.......... È GRIGI..........

ANDIAMO!

IN COPPIA **GUARDATE LE FOTO E DITE I NOMI DEGLI OGGETTI CON UN AGGETTIVO.**

Distribuire agli studenti 1 o 2 foto di un catalogo di arredamento e chiedere di nominare gli oggetti presenti.

RICORDA!

ALCUNI NOMI E AGGETTIVI FINISCONO CON LA **-E** E POSSONO ESSERE MASCHILI O FEMMINILI.

FONETICA

ASCOLTA E RIPETI. POI SCRIVI LE PAROLE AL POSTO GIUSTO. ATTENZIONE: UNA PAROLA VA BENE IN ENTRAMBE LE COLONNE. ▸13

CINEMA • FOR**CH**ETTA • **C**ARO • **C**ENTO • **CH**IUSO • **C**OSTOSO • **CH**IAVE • **C**IAO • **C**ANTINA • **C**U**C**INA • **CH**IARO

[k] COME *CASA*	[tʃ] COME *CENA*

RICORDA!

- **CA, CHE, CHI, CO, CU** HANNO IL SUONO [k].
- **CE, CI** HANNO IL SUONO [tʃ].

PARLIAMO DI...

1. GUARDA LE IMMAGINI E SCRIVI LE PAROLE AL POSTO GIUSTO.

TRILOCALE • BILOCALE • MONOLOCALE

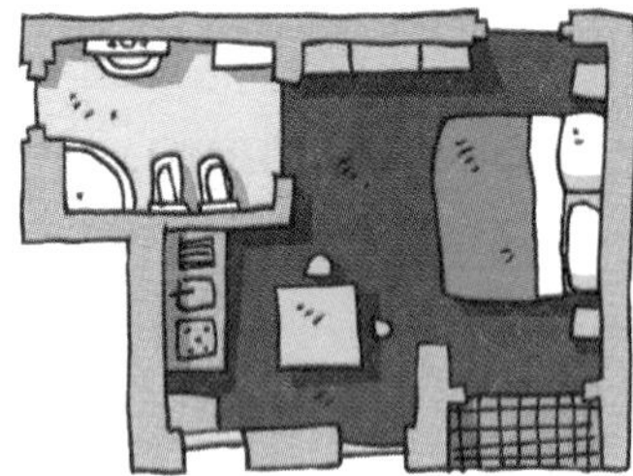
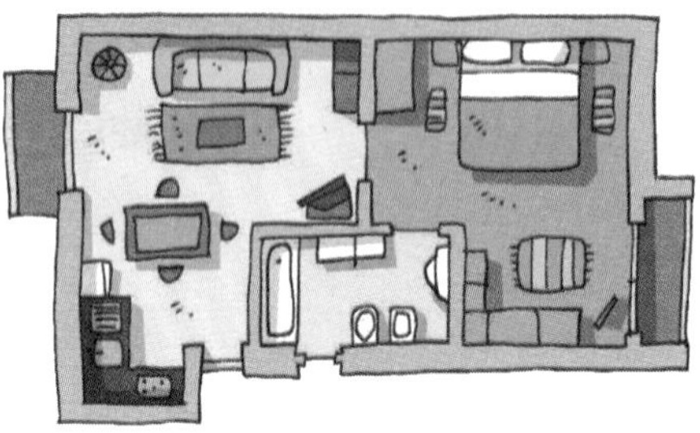

1. .... 2. .... 3. ....

2.A LEGGI GLI ANNUNCI E SCRIVI IL NUMERO DELLE IMMAGINI DELL'ESERCIZIO 1 A CUI SI RIFERISCONO.

Aiutare gli studenti con difficoltà di lettura a individuare negli annunci le 3 parole dell'esercizio precedente. Mentre gli studenti pre A1 svolgono l'esercizio 2A, gli studenti più veloci possono passare all'esercizio 2B. Durante la correzione a classe intera tutti potranno completare l'esercizio 2B.

A ☐ TORINO **ZONA STADIO.** VENDESI **TRILOCALE** TERZO PIANO. SOGGIORNO CON ANGOLO COTTURA. ASCENSORE. LIBERO SUBITO. **120 000 €.**

B ☐ TORINO CENTRO. AFFITTO **BILOCALE** QUARTO PIANO SENZA ASCENSORE. **ZONA ELEGANTE** E TRANQUILLA. **400 € / MESE.**

C ☐ MONCALIERI (10 MINUTI DA TORINO). AFFITTO GRANDE **MONOLOCALE** CON TERRAZZO, **BOX E CANTINA. 350 € / MESE.**

2.B ABBINA GLI ANNUNCI SOTTO E LE FRASI A CUI SI RIFERISCONO. ATTENZIONE: A UN ANNUNCIO DELLA PRIMA COLONNA CORRISPONDONO DUE FRASI DELLA SECONDA COLONNA.

1. Torino. Vendesi bilocale terzo piano con cucina abitabile e doppi servizi. Ascensore. Libero subito. 100.000 €.
2. Torino centro. Affitto trilocale quarto piano senza ascensore. Zona elegante e tranquilla. 500 € / mese.
3. A 10 minuti da Torino. Affitto piccolo monolocale con terrazzo. Box e cantina. 300 € / mese.

A. È possibile comprare la casa.
B. La casa non ha l'ascensore.
C. La casa ha una cucina dove è possibile mangiare.
D. La casa ha un garage per la macchina.

CAPIAMO

EMMA E SAMIRA PARLANO DEL CONTRATTO D'AFFITTO

1.A GUARDA/ASCOLTA E INDICA SÌ O NO.

1. L'AFFITTO COSTA 800 € AL MESE. SÌ NO
2. DOPO TRE ANNI SAMIRA DEVE CAMBIARE CASA. SÌ NO
3. LA CASA HA UN GARAGE. SÌ NO
4. LA CASA È VICINA A UNA FERMATA DELL'AUTOBUS. SÌ NO

1.B GUARDA/ASCOLTA DI NUOVO E ABBINA LE PARTI DI FRASE.

1. Emma è
2. Samira è
3. Il contratto dura
4. L'appartamento è

A. tre anni.
B. ammobiliato (con i mobili).
C. il locatore.
D. il conduttore.

2. COMPLETA LE FRASI CON LE PAROLE *LOCATORE* O *CONDUTTORE*.

1. IL ....
   È LA PERSONA CHE DÀ IN AFFITTO LA SUA CASA (RICEVE I SOLDI DELL'AFFITTO).

2. IL ....
   È LA PERSONA CHE PRENDE IN AFFITTO LA CASA DI UN ALTRO (PAGA L'AFFITTO E ABITA NELLA CASA).

3. È NELLE SPESE CONDOMINIALI? INDICATE SÌ O NO.

1. LE PULIZIE DELLE SCALE. SÌ NO
2. LE PULIZIE DI CASA MIA. SÌ NO
3. LA MANUTENZIONE DELL'ASCENSORE. SÌ NO
4. L'ACQUA PER IL GIARDINO DEL CONDOMINIO. SÌ NO
5. LA RIPARAZIONE DEL TETTO. SÌ NO
6. LA RIPARAZIONE DI UNA FINESTRA DI CASA MIA. SÌ NO

IMPARIAMO LE PAROLE

1. SCRIVI LE PAROLE AL POSTO GIUSTO.

NON AMMOBILIATO • AMMOBILIATO

1. ....

2. ....

2. QUESTO È IL CONTRATTO D'AFFITTO DI SAMIRA. LEGGI CON ATTENZIONE E FAI TUTTE LE DOMANDE CHE VUOI ALL'INSEGNANTE.

Fare a propria volta delle domande: «Che cos'è questo modulo?», «Quante stanze ha l'appartamento?» ecc.

Modello "A"
CONTRATTO DI LOCAZIONE A USO ABITATIVO
Ai sensi dell'art. 2, comma 3, della legge 9 dicembre 1998, n. 431

Il/La Sig.(ra)/Soc. (1) ....RIGAMONTI EMMA........
di seguito denominato/a locatore
CONCEDE IN LOCAZIONE
al/alla Sig.(ra) (1) ....DIRIE SAMIRA........
di seguito denominato/a conduttore
identificato/a mediante (2) ........C.I. AB1234567........
che accetta, per sé e i suoi aventi causa, l'unità immobile posta in via ....Toti........
n. civico ....51.... piano ....2.... scala ....1.... int. ....7.... composta di n. ....3.... vani, oltre a cucina e servizi, e dotata altresì dei seguenti elementi accessori (cantina, autorimessa singola, posto macchina in comune o meno ecc: indicare quali)
........CANTINA........
........AUTORIMESSA SINGOLA........
non ammobiliata/<u>ammobiliata</u> come da elenco a parte, sottoscritto dai contraenti.

ANDIAMO!

QUANDO SI CAMBIA CASA, SI DEVE FARE LA DICHIARAZIONE DI RESIDENZA IN COMUNE. COMPLETA LA DICHIARAZIONE CON I TUOI DATI.

Il modulo si trova in Appendice. Spiegare che quando la città di nascita è estera, non va compilata la parte della provincia, che invece si riferisce a città italiane, come si noterà compilando il proprio modulo.

STUDIAMO LA GRAMMATICA

IL PRESENTE DEI VERBI IN *-ARE*

1. LEGGI LE FRASI E SOTTOLINEA IL VERBO. POI ABBINA LE FRASI E L'INFINITO DEL VERBO GIUSTO.

1. ABITO IN UNA CASA CON IL TERRAZZO PICCOLO.
2. MIO MARITO E MIO FIGLIO ARRIVANO IN ITALIA DOMANI.
3. MIO MARITO LAVORA GIÀ A ROMA DA DUE SETTIMANE.

A. ARRIVARE
B. ABITARE
C. LAVORARE

2. COMPLETA IL VERBO *ABITARE*.

1.  IO ABIT..........

2.  TU ABIT..........

3.  LUI/LEI ABIT**A**.

3.A COMPLETA LA TABELLA DEI VERBI AL PRESENTE.

	IO	TU	LUI/LEI	NOI	VOI	LORO
ARRIV-ARE	ARRIV-........	ARRIV-........	ARRIV-**A**	ARRIV-**IAMO**	ARRIV-**ATE**	ARRIV-**ANO**
LAVOR-ARE	LAVOR-........	LAVOR-**I**	LAVOR-........	LAVOR-**IAMO**	LAVOR-**ATE**	LAVOR-**ANO**
PARL-ARE	PARL-**O**	PARL-........	PARL-........	PARL-**IAMO**	PARL-**ATE**	PARL-**ANO**

3.B COMPLETA CON I VERBI AL PRESENTE.

abitare • mangiare • tornare • parlare • arrivare • lavorare • cucinare

1. Noi .... in via Pavia 57.
2. Io .... italiano e cinese.
3. Tu .... a casa o al bar per pranzo?
4. La domenica le mie zie .... sempre il cous cous per tutta la famiglia.
5. A che ora (voi) .... a casa dal lavoro?
6. Il treno delle 8.36 .... al binario 3.
7. Amita .... come infermiera in ospedale.

ANDIAMO!

IN COPPIA PESCATE UNA CARTA "PERSONA" E UNA CARTA "VERBO" E FORMATE DELLE FRASI.

Fotocopiare le carte in Appendice e consegnarle a ogni coppia. Eventualmente chiedere agli studenti di scrivere delle frasi.

IMPARIAMO A...

fare la raccolta differenziata

1. SCRIVI LE PAROLE AL POSTO GIUSTO. POI PARLA CON LA CLASSE.

RIFIUTI • BIDONI • RACCOLTA DIFFERENZIATA

1. ....

2. ....

3. ....

- E VOI FATE LA RACCOLTA DIFFERENZIATA?
- COME FUNZIONA NEL VOSTRO COMUNE?

2. ABBINATE I RIFIUTI E I BIDONI CON L'AIUTO DELL'INSEGNANTE.

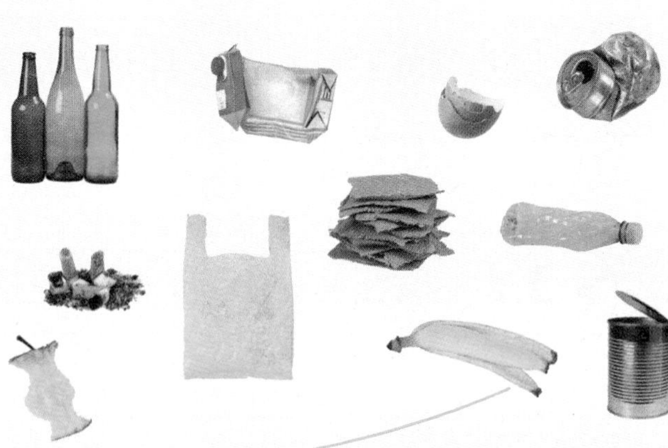

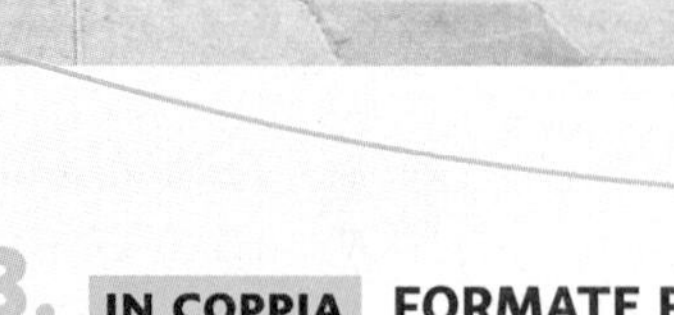

3. IN COPPIA FORMATE FRASI COME NELL'ESEMPIO.

Mostrare agli studenti l'esempio in modo che la struttura della frase sia chiara, senza soffermarsi su spiegazioni grammaticali.

ESEMPIO

BUTTO LA BUCCIA DI BANANA NELL'ORGANICO.

4. GUARDA IL VOLANTINO E PARLA CON LA CLASSE. IN QUALI GIORNI IL COMUNE RITIRA I RIFIUTI?

FAI LA DIFFERENZA
FAI LA DIFFERENZIATA

NUOVO calendario di raccolta differenziata PORTA A PORTA

CHE COSA RACCOGLIERE	LUNEDÌ	MARTEDÌ	MERCOLEDÌ	GIOVEDÌ	VENERDÌ	SABATO
UMIDO/ORGANICO • avanzi di cucina (cotti e crudi) • verdura, frutta • gusci di uova, di noci, di nocciole		✓		✓ SOLO IN ESTATE		✓
CARTA/CARTONE • carta, cartone • riviste non plastificate • volantini • contenitori di cartone non plastificati per frutta e altri generi alimentari		✓ SOLO COMMERCIANTI			✓	
RIFIUTI URBANI NON RICICLABILI • oggetti di ceramica • polistirolo • tubetti di dentifricio, di cosmetici, di alimenti • sigarette	✓					
PLASTICA • bottiglie, flaconi (detersivi, shampoo, sapone) • plastica per imballaggi • buste per la spesa, contenitori per alimenti • piatti e bicchieri usa e getta			✓			
VETRO E BARATTOLAME • bottiglie, bicchieri, contenitori e damigiane di vetro • lattine e vaschette di alluminio • barattoli (pelati, tonno ecc.)			✓			

ANDIAMO!

E DOVE ABITI TU? INDICA NELLA TABELLA QUANDO RITIRANO I RIFIUTI NEL TUO COMUNE. POI PARLA CON UN COMPAGNO.

Poiché la raccolta differenziata ha regole diverse per il ritiro in ogni Comune, si può svolgere questo esercizio in diversi modi: se tutti gli studenti risiedono nello stesso Comune, procurarsi in anticipo i volantini della raccolta differenziata del Comune e lavorare su quelli. Altrimenti dividere la classe in gruppi omogenei per Comune di residenza o usare il materiale in Appendice.

UNITÀ 3

LA GIORNATA DI SAMIRA IN ITALIA

L'ANGOLO DELLA PRONUNCIA

SARA MANGIA A CASA CON LA MAMMA.
MICHELE BEVE IL TÈ CON LE SORELLE.
I FIGLI DI SHIRIN VANNO IN BICI CON GLI AMICI.

PARLIAMO DI...

1. ABBINA LE AZIONI E LE FOTO.

A

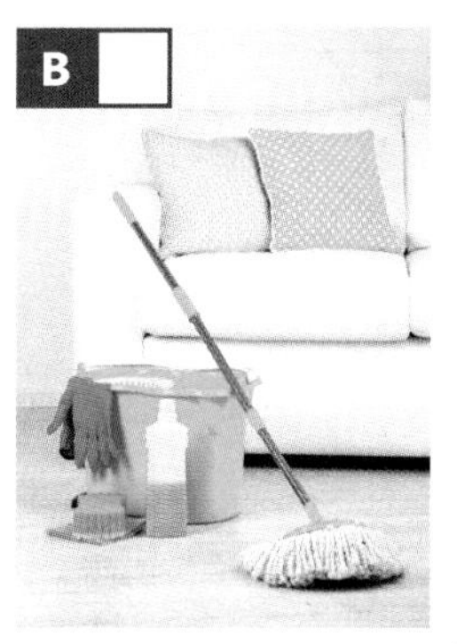
B

C

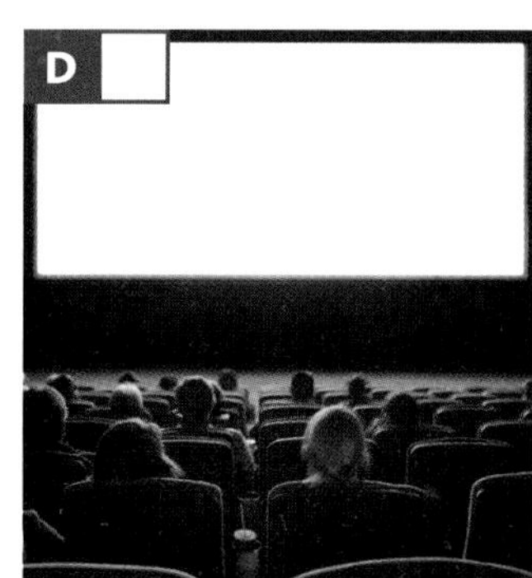
D

E

MI ALZO. USO FACEBOOK. FACCIO I COMPITI. FACCIO DA MANGIARE. TELEFONO.

VADO A SCUOLA. FACCIO COLAZIONE. PULISCO LA CASA. VADO AL CINEMA. FACCIO LA SPESA.

F

G

H

I

L

CAPIAMO

SAMIRA SCRIVE UN'E-MAIL ALLA SUA AMICA FADUMO PER RACCONTARLE LA SUA VITA IN ITALIA

1.A CERCA E SOTTOLINEA NELL'E-MAIL DI SAMIRA LE AZIONI DELL'ESERCIZIO A PAG. 32. POI NUMERA LE FOTO PER INDICARE IN QUALE ORDINE COMPAIONO NEL TESTO.

Gli studenti pre A1 non devono leggere l'intera e-mail, ma solo trovare nel testo le azioni illustrate dalle foto e metterle in ordine. È un esercizio di lettura semplificato che porta a una comprensione generale del testo senza dovere leggere ogni singola parola.

1.B LEGGI L'E-MAIL DI SAMIRA, POI NUMERA LE FOTO DELL'ESERCIZIO A PAG. 32 PER INDICARE IN QUALE ORDINE COMPAIONO LE AZIONI NEL TESTO.

Cara Fadumo, amica mia, come stai?
Io sto bene, sono in Italia ormai da cinque mesi.
Ti racconto la mia vita qui.
Di solito la mattina mi alzo alle 8 e faccio colazione: bevo il caffellatte e mangio pane, burro e marmellata come fanno gli italiani.
Poi prendo l'autobus e vado a scuola di italiano.
Ho lezione il lunedì e il giovedì dalle 9 alle 11.
Dopo la scuola torno a casa e faccio da mangiare.
Spesso pranzo con la mia compagna di classe Aziza.
Dopo pranzo, due volte alla settimana, faccio la spesa al supermercato vicino a casa e, quando ritorno, pulisco la casa. Quando non devo fare la spesa, vado a cercare lavoro per tutto il pomeriggio insieme ad Aziza. È molto difficile trovare lavoro in Italia.
Verso le 19 preparo la cena. La sera telefono sempre alla mia famiglia in Somalia: a mio figlio, a mio marito, ai miei genitori e ai miei fratelli.
Poi faccio i compiti di italiano oppure leggo un libro, scrivo un'e-mail e uso Facebook.
Il sabato sera esco quasi sempre con i miei compagni di classe, qualche volta andiamo al cinema oppure andiamo a mangiare la pizza. Insieme parliamo solo in italiano per imparare in fretta.
Il sabato e la domenica non mi alzo alle 8, ma alle 10. Dopo la colazione pulisco molto bene la casa e poi uso per molto tempo Facebook e Skype e parlo con le mie amiche in Somalia.
Sto bene in Italia perché a scuola ho trovato tanti amici stranieri come me. Spero di imparare bene l'italiano e di trovare presto un lavoro.

Aspetto tue notizie.
Un abbraccio,
Samira

2. SCRIVI LE AZIONI DI SAMIRA NELLA TABELLA, COME NELL'ESEMPIO.

MI ALZO • ~~VADO A SCUOLA~~ • VADO IN PIZZERIA • FACCIO I COMPITI DI ITALIANO • FACCIO COLAZIONE • CERCO LAVORO • PREPARO LA CENA • FACCIO LA SPESA

LA MATTINA 8:00	IL POMERIGGIO 15:00	LA SERA 20:00
VADO A SCUOLA		

3.A RILEGGI L'E-MAIL E SCRIVI GLI IMPEGNI DI SAMIRA AL POSTO GIUSTO.

SCUOLA DI ITALIANO • RICERCA LAVORO • PRANZO CON AZIZA • ~~SPESA AL SUPERMERCATO~~ • PULIZIE DI CASA • SVEGLIA

	LUNEDÌ	MARTEDÌ	MERCOLEDÌ	GIOVEDÌ	VENERDÌ
08:00	....	....	....	....	....
08:30					
09:00	....			....	
09:30					
10:00					
10:30					
11:00					
11:30					
12:00					
12:30	....			....	
13:00					
13:30					
14:00					
14:30		*SPESA AL SUPERMERCATO*			*SPESA AL SUPERMERCATO*
15:00	....		....	....	
15:30					
16:00					
16:30		....		....	
17:00					

3.B COMPLETA LE FRASI.

libro • famiglia • caffellatte • 10 • spesa • compiti di italiano

1. A colazione Samira beve il ....
2. Due volte alla settimana Samira fa la ....
3. La sera Samira telefona sempre alla sua ....
   Poi fa i .... o legge un ....
4. La domenica Samira si alza alle ....

STUDIAMO LA GRAMMATICA

IL PRESENTE DEI VERBI IN *-ERE*

1. LEGGI QUESTA PARTE DELL'E-MAIL DI SAMIRA. SOTTOLINEA I VERBI, POI COMPLETA LE FRASI.

Di solito la mattina mi alzo alle 8 e faccio colazione: bevo il caffellatte e mangio pane, burro e marmellata come fanno gli italiani.
Poi prendo l'autobus e vado a scuola di italiano. Ho lezione il lunedì e il giovedì dalle 9 alle 11. Dopo la scuola torno a casa e faccio da mangiare.
Spesso pranzo con la mia compagna di classe Aziza.

1. FACCI**O** COLAZIONE.
2. .... IL CAFFELLATTE.
3. MANGI**O** PANE, BURRO E MARMELLATA.
4. .... L'AUTOBUS.
5. VAD**O** A SCUOLA.
6. TORN**O** A CASA.

2. COMPLETA LE FRASI.

TU

1. FA**I** COLAZIONE.
2. .... IL CAFFELLATTE.
3. MANG**I** PANE.
4. .... L'AUTOBUS.
5. VA**I** A SCUOLA.
6. TORN**I** A CASA.

LUI/LEI

1. F**A** COLAZIONE.
2. .... IL CAFFELLATTE.
3. MANGI**A** PANE.
4. .... L'AUTOBUS.
5. V**A** A SCUOLA.
6. TORN**A** A CASA.

3.A COMPLETA LA TABELLA CON L'AIUTO DELL'INSEGNANTE.

	IO	TU	LUI/LEI	NOI	VOI	LORO
PREND-ERE	PREND-........	PREND-........	PREND-**E**	PREND-**IAMO**	PREND-**ETE**	PREND-**ONO**
SCRIV-ERE	SCRIV-........	SCRIV-**I**	SCRIV-........	SCRIV-**IAMO**	SCRIV-**ETE**	SCRIV-**ONO**
METT-ERE	METT-........	METT-........	METT-........	METT-**IAMO**	METT-**ETE**	METT-**ONO**
BERE	BE-V-........	BE-V-........	BE-V-........	BE-V-**IAMO**	BE-V-**ETE**	BE-V-**ONO**

3.B COMPLETA CON I VERBI AL PRESENTE.

vivere • prendere • scrivere • leggere

1. Qualche volta Samira, di sera, ... un libro.
2. Io e mio marito Ahmed .... in Italia da molti anni.
3. La domenica io .... sempre un'e-mail a mia mamma.
4. Mio figlio e i suoi compagni .... l'autobus tutte le mattine.

ANDIAMO!

IN COPPIA **COMPLETA LA PRIMA COLONNA CON LE TUE INFORMAZIONI, POI SCRIVI IL VERBO GIUSTO NELLA SECONDA COLONNA. FAI LE DOMANDE AL TUO COMPAGNO E SCRIVI NELLA TERZA COLONNA LA SUA RISPOSTA.**

Fotocopiare la tabella in Appendice. Provare con uno studente e mostrare alla classe come svolgere l'esercizio.

I VERBI *FARE* E *ANDARE*

4. LEGGI LE FRASI E CERCHIA LA PERSONA GIUSTA.

1. Iryna **fa la spesa** al supermercato.

2. Almir e Dame **vanno a scuola** a piedi.

3. Tu e Jashandeep **andate a cercare lavoro** tutte le mattine?

4. Ugo **fa la doccia** la sera.

5. Maryeme e Fatou **fanno da mangiare**.

6. Paolo, tu **fai le pulizie**?

7. Marta **fa colazione** alle 8.

8. Io e i miei compagni di classe **andiamo** spesso **al cinema**.

5. GUARDA LE FOTO E SCRIVI LE AZIONI DELL'ESERCIZIO 4 AL POSTO GIUSTO.

ANDARE

1. ....

3. ....

2. ....

RICORDA!

FARE E **ANDARE** SONO VERBI IRREGOLARI, DIVERSI DAGLI ALTRI. IMPARALI BENE PERCHÉ IN ITALIANO SI USANO SPESSO.

FARE

5. ....

7. ....

4. *FA LA DOCCIA*

6. ....

8. ....

6.A COMPLETA LA TABELLA.

	IO	TU	LUI/LEI	NOI	VOI	LORO
FARE	IO *FACCIO*	TU	LUI/LEI	NOI *FACCIAMO*	VOI *FATE*	LORO ....
ANDARE	IO *VADO*	TU *VAI*	LUI/LEI *VA*	NOI	VOI	LORO ....

6.B COMPLETA CON IL PRESENTE DEI VERBI *ANDARE* O *FARE*.

1. Samira .... una torta per la festa.
2. Io .... al corso di inglese tutti i pomeriggi dalle 15 alle 18.
3. Tante persone .... in America per cercare lavoro.
4. A casa mia (io) .... le pulizie tutti i giorni.
5. Perché tu e Omar non .... al cinema questa sera?
6. Noi .... sempre la spesa al supermercato sotto casa perché costa poco.

CAPIAMO

LA GIORNATA DI UNA FAMIGLIA SENEGALESE IN ITALIA

1.A ASCOLTA E COMPLETA LA TABELLA, COME NELL'ESEMPIO. 

	MOUSSA	NDIENDE	SARA	MATTEO	NESSUNO
VA AL LAVORO IN MACCHINA.	X				
VA AL LAVORO IN AUTOBUS.					
VA A SCUOLA A PIEDI.					
VA A PRENDERE I BAMBINI A SCUOLA.					
GIOCA IN CORTILE.					
FA LA SPESA.					
VA A DORMIRE ALLE 10.					

1.B GUARDA LA TABELLA DELL'ESERCIZIO 1A, ASCOLTA DI NUOVO E SCRIVI LE AZIONI DELL'ESERCIZIO 1A AL POSTO GIUSTO. 

Correggere l'esercizio a classe intera verificando che tutti abbiano compreso le espressioni di tempo. Poi fare domande agli studenti per esercitare queste espressioni oralmente, per esempio: «E tu che cosa fai spesso / di solito /... ?», «Quanti giorni alla settimana vai a scuola?».

1.	X	X	X	X	X	SEMPRE	....
2.	X	X	X	X	X	TUTTI I GIORNI	....
3.	X	X	X	X		QUASI SEMPRE	....
4.	X	X	X			SPESSO	....
5.	X	X	X			DI SOLITO	....
6.		X		X		DUE VOLTE ALLA SETTIMANA	VA A SCUOLA A PIEDI.
7.						MAI	....

ANDIAMO!

1. IN COPPIA COMPLETATE L'AGENDA E RACCONTATE LA VOSTRA SETTIMANA. 

Fotocopiare e distribuire la pagina dell'agenda in Appendice. Gli studenti che finiscono prima possono svolgere l'esercizio 2.

2. SCRIVI UN'E-MAIL A UN AMICO. DESCRIVI LA TUA VITA IN ITALIA.

STUDIAMO LA GRAMMATICA

IL PRESENTE DEI VERBI IN *-IRE*

1. COMPLETA I FUMETTI CON IL VERBO GIUSTO.

apre • senti • partite • sento • partiamo

2. COMPLETA LA TABELLA DEI VERBI AL PRESENTE.

DORMIRE	SENTIRE	APRIRE
IO DORM-..........	IO SENT-..........	IO ....
TU DORM-..........	TU SENT-..........	TU ....
LUI/LEI DORM-**E**	LUI/LEI SENT-..........	LUI/LEI ....
NOI DORM-..........	NOI SENT-..........	NOI ....
VOI DORM-**ITE**	VOI SENT-..........	VOI ....
LORO DORM-**ONO**	LORO SENT-..........	LORO ....

L'esercizio è in progressione di difficoltà: fare completare prima la colonna del verbo dormire, poi gli altri verbi seguendo il modello.

3. SOTTOLINEA I VERBI IN QUESTE FRASI. POI SCRIVI L'INFINITO E COMPLETA LA TABELLA CON L'AIUTO DELL'INSEGNANTE.

1. LA MATTINA IO PULISCO LA CASA. ▶ infinito: ....
2. LA LEZIONE DI ITALIANO FINISCE ALLE 11. ▶ infinito: ....

	IO	TU	LUI/LEI	NOI	VOI	LORO
PUL-IRE	PUL-**ISCO**	PUL-**ISCI**	PUL-**ISCE**	PUL-**IAMO**	PUL-**ITE**	PUL-**ISCONO**
FIN-IRE	FIN-..................	FIN-..................	FIN-..................	FIN-..................	FIN-..................	FIN-..................

ANDIAMO!

1. **IN COPPIA** **LEGGI E COMPLETA LE FRASI DELLA PRIMA E DELLA SECONDA COLONNA. POI FAI LE DOMANDE AL TUO COMPAGNO E SCRIVI LE SUE RISPOSTE NELLA TERZA COLONNA.**

Svolgere il primo dialogo con uno studente come esempio per tutta la classe.

RICORDA!

ANCHE CAP**IRE**, PREFER**IRE**, SPED**IRE** ECC. SONO VERBI IN **-IRE** CHE SI COMPORTANO COME PUL**IRE**.

	LUI/LEI	TU	IO
FINIRE LIVELLO A1 GIOVEDÌ 17.00 - 19.00	● QUANDO *FINISCE* LA LEZIONE MARIO? ■ LUI .... ALLE 7.	E TU, A CHE ORA .... LA LEZIONE?	IO .... ALLE ....
CAPIRE	● SABRINA .... L'ITALIANO? ■ SÌ, LEI .... BENE L'ITALIANO.	E TU, ... L'ITALIANO?	IO ....
PULIRE	● QUANDO .... LA CASA FOUZIA? ■ LEI .... LA CASA IL POMERIGGIO.	E TU, QUANDO .... LA CASA?	IO ....
PREFERIRE	● BLESSING .... IL CAFFÈ O IL TÈ? ■ LEI .... IL TÈ.	E TU, ... IL CAFFÈ O IL TÈ?	IO ....
SPEDIRE	● QUANDO SPEDISCE I SOLDI A CASA ALEX? ■ LUI .... I SOLDI A CASA UNA VOLTA AL MESE.	E TU, QUANDO .... I SOLDI AL TUO PAESE?	IO ....

2. **IN COPPIA** **PESCATE UNA CARTA CON UN PRONOME PERSONALE, POI UNA CON IL VERBO E FORMATE DELLE FRASI.**

In Appendice si trovano le istruzioni, le carte con le immagini, che illustrano i pronomi personali, e alcuni verbi da fotocopiare e ritagliare per svolgere le attività di rinforzo sui verbi.

IMPARIAMO A...

parlare della famiglia

1. LEGGI E SCRIVI I NOMI DELLE PERSONE E CHI SONO PER SAMIRA, COME NELL'ESEMPIO.

Io sono Samira e sono somala. Questa è la mia famiglia. Mia mamma si chiama Noura, mio papà Osman. Ho due fratelli e una sorella. I miei fratelli si chiamano Mahamed e Ahmed. Mia sorella si chiama Saba, lei non ha figli. Mio nipote, il figlio di mio fratello Mahamed, ha 7 anni e si chiama Osman, come mio papà. Mio marito si chiama Ali e mio figlio di 5 anni si chiama Adam. Noi siamo una famiglia numerosa.

2. COMPLETA CON GLI AGGETTIVI POSSESSIVI *MIO*, *TUO*, *SUO* CON L'AIUTO DELL'INSEGNANTE.

MIO FIGLI**O**	I .... FIGL**I**	.... FIGLI**A**	LE .... FIGLI**E**
TUO FIGLI**O**	I .... FIGL**I**	.... FIGLI**A**	LE .... FIGLI**E**
SUO FIGLI**O**	I .... FIGL**I**	.... FIGLI**A**	LE .... FIGLI**E**

3. CERCHIA L'AGGETTIVO POSSESSIVO GIUSTO.

1. **MIO / SUA / I TUOI** FIGLIA SI CHIAMA MIRJAM.
2. **LE TUE / SUO / MIA** SORELLA HA 24 ANNI.
3. **TUO / I MIEI / I SUOI** FRATELLO LAVORA IN UN RISTORANTE.
4. **I MIEI / LE MIE / SUA** FIGLI NON VANNO ANCORA A SCUOLA.
5. **MIA / LE SUE / I TUOI** SORELLE SONO SPOSATE.
6. **TUA / SUA / I SUOI** FRATELLI NON LAVORANO.

4. SOTTOLINEA NEL TESTO DELL'ESERCIZIO 1 TUTTE LE FORME DI *AVERE* E *CHIAMARSI* CON L'AIUTO DELL'INSEGNANTE.

5. COMPLETA LA TABELLA CON L'AIUTO DELL'INSEGNANTE.

	IO	TU	LUI/LEI	NOI	VOI	LORO
AVERE	....	HAI	....	ABBIAMO	AVETE	HANNO
CHIAMARSI	MI CHIAMO	TI CHIAMI	....	CI CHIAMIAMO	VI CHIAMATE	....

6.A COMPLETA CON I VERBI *AVERE* E *CHIAMARSI*.

1. IO .... UN FRATELLO.
2. MIO FRATELLO .... HASSAN.
3. MIA FIGLIA .... SEI ANNI.
4. LE MIE SORELLE .... NADIA E OLGA.

6.B COMPLETA CON I VERBI *AVERE* E *CHIAMARSI*.

1. Io .... un fratello maggiore: .... Franco.
2. Io e mio marito .... due nipoti gemelli.
3. I miei fratelli non .... figli.
4. Mia mamma .... Luise e .... 51 anni.

ANDIAMO!

1. IN COPPIA COMPLETATE L'ALBERO GENEALOGICO E PARLATE DELLA VOSTRA FAMIGLIA.

2. DESCRIVI LA TUA FAMIGLIA.

Fotocopiare in Appendice l'albero genealogico, dove si trovano altre parole relative alla famiglia, come "nonno", "nonna", "zio", "zia".

MIA MAMMA SI CHIAMA NOURA.

UNITÀ 4

SAMIRA FA L'ABBONAMENTO DELL'AUTOBUS

L'ANGOLO DELLA PRONUNCIA

LA FERMATA DELL'AUTOBUS VENTIDUE
È IN VIA TADINI DAVANTI AL BAR DANTE.

PARLIAMO DI...

1. IN COPPIA RISPONDETE ALLA DOMANDA, POI SCRIVETE IL NUMERO DELLE FOTO AL POSTO GIUSTO.

COME VIENI AL CORSO DI ITALIANO?

- ☐ IN BICICLETTA
- ☐ IN AUTOBUS
- ☐ IN MACCHINA
- ☐ IN MOTORINO
- ☐ IN TRENO
- ☐ IN TRAM
- ☐ IN METROPOLITANA
- ☐ A PIEDI

1

2

3

4

5

6

7

8

2. RISPONDETE ALLE DOMANDE, POI COMPLETATE CON L'AIUTO DELL'INSEGNANTE.

Se possibile, portare in classe il biglietto singolo, il biglietto multicorse e l'abbonamento dell'autobus effettivamente in uso nella città in cui ci si trova (o una foto).

• Prendete l'autobus? • Per andare dove? • Quando? • Che cosa serve per prendere l'autobus?

1. Per prendere l'autobus UNA VOLTA, dovete comprare un ....
2. Per prendere l'autobus TANTE VOLTE, dovete comprare un ....
3. Per prendere l'autobus tutte le volte che volete in UN ANNO o UN MESE, dovete fare un ....

3. ABBINA LE PAROLE.

1. BIGLIETTO PER UN GIORNO
2. ABBONAMENTO PER UNA SETTIMANA
3. ABBONAMENTO PER UN MESE
4. ABBONAMENTO PER UN ANNO

A. MENSILE
B. SETTIMANALE
C. ANNUALE
D. GIORNALIERO

4. GUARDATE LE IMMAGINI SOTTO E RISPONDETE ALLE DOMANDE.

• Dov'è Samira?
• Perché?
• Che cosa deve avere con sé, secondo voi?

Aggiungere altre domande relative al contesto in cui vivono gli studenti, per esempio: «Quanto costa un biglietto nella nostra città?», «Dov'è l'ufficio abbonamenti?».

CAPIAMO

SAMIRA FA L'ABBONAMENTO DELL'AUTOBUS PERCHÉ ABITA LONTANO DALLA SCUOLA DI ITALIANO

1.A GUARDA/ASCOLTA E SEGNA CON UNA X LA RISPOSTA GIUSTA.

 ▸3  ▸16

Invitare gli studenti che svolgono con facilità l'esercizio 1A a proseguire con l'esercizio 1B.

1. SAMIRA VUOLE SAPERE QUANTO COSTA UN ABBONAMENTO PER
   - IL TRENO.
   - IL TRAM.
   - L'AUTOBUS.

2. L'ABBONAMENTO ANNUALE COSTA
   - 28 €.
   - 50 €.
   - 250 €.

3. SAMIRA PRENDE UN ABBONAMENTO
   - MENSILE.
   - SETTIMANALE.
   - ANNUALE.

4. SAMIRA COMPILA IL
   - MENSILE.
   - MODULO.
   - TESSERINO.

5. L'IMPIEGATA STAMPA LA
   - RICEVUTA.
   - TESSERA.
   - FATTURA.

6. L'IMPIEGATA DÀ IL ... A SAMIRA.
   - RESTO
   - NUMERO
   - BIGLIETTO

1.B GUARDA/ASCOLTA DI NUOVO E ABBINA LE PARTI DI FRASE, COME NELL'ESEMPIO.

 ▸3  ▸16

1. Samira prende l'autobus
2. L'abbonamento di Samira è di
3. Samira scrive nel modulo
4. Samira dimentica di
5. Samira dà all'impiegata
6. Samira riceve

A. il permesso di soggiorno.
B. 22 € di resto.
C. il suo codice fiscale.
D. una zona.
E. firmare il modulo.
F. in via Verdi.

IMPARIAMO LE PAROLE

1. ASCOLTA E ABBINA LE FOTO E LE FRASI CHE SENTI. ATTENZIONE: C'È UNA FOTO IN PIÙ.

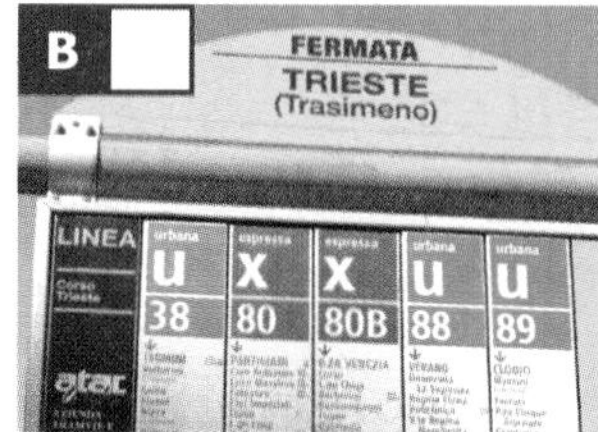

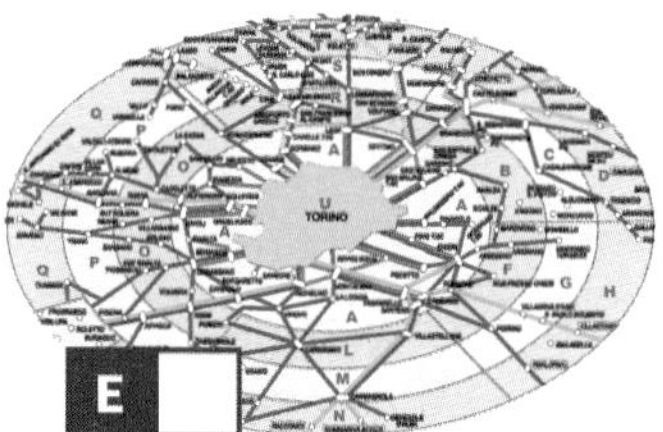

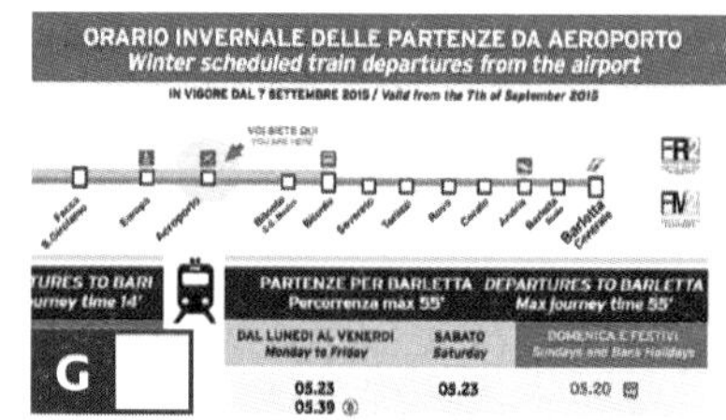

2. LEGGI I NUMERI CON L'AIUTO DELL'INSEGNANTE. POI SCRIVILI AL POSTO GIUSTO.

26 FEB 2018 | 12:20 | 334/2124908 | 13 € | 1/12/87 | 12,90 €

21:45 | +393518879051 | 100 € | 4:00 | 00:10 | 4:30

18/02/2021 | 19:15 | 16,55 € | 02/2139087 | 21 DIC 2008

DATA	ORA	PREZZO	NUMERO DI TELEFONO

ANDIAMO!

GIOCHIAMO CON I NUMERI.

Le indicazioni per le modalità di svolgimento del gioco si trovano in Appendice.

COSA DICIAMO PER...

1. IN COPPIA COMPLETATE IL DIALOGO, POI CONFRONTATEVI CON LA CLASSE.

Fare completare il dialogo agli studenti senza video né audio lasciando che trovino soluzioni possibili, anche se diverse da quelle del dialogo originale.

1. BUONGIORNO, ... FARE L'ABBONAMENTO PER L'AUTOBUS. .... COSTA?
2. .... VUOLE?
3. .... UN MESE, GRAZIE.
4. .... ZONE?
5. SCUSI, NON ....
6. .... PARTE?
7. .... L'AUTOBUS IN VIA VERDI.
8. E .... SCENDE?
9. IN .... VOLTA.
10. PER UN MESE .... 28 €.
11. QUANTO COSTA QUELLO PER UN ....?
12. L'ABBONAMENTO ANNUALE .... 250 €.
13. NO, PRENDO QUELLO PER ....

2. GUARDA/ASCOLTA LA PRIMA PARTE DEL DIALOGO E VERIFICA LA SOLUZIONE DELL'ESERCIZIO 1 CON LA CLASSE.

Se il dialogo presenta soluzioni diverse da quelle trovate dagli studenti nell'esercizio 1, farle scrivere e dedicare un po' di tempo al confronto tra le possibili soluzioni.

ANDIAMO!

IN COPPIA COPRITE UNA DELLE 2 TABELLE E CHIEDETE AL COMPAGNO IL COSTO DEGLI ABBONAMENTI CHE NON SAPETE.

STUDENTE A: MI SCUSI, QUANTO COSTA L'ABBONAMENTO MENSILE EXTRAURBANO?

STUDENTE B: 42 EURO.

STUDENTE A

ABBONAMENTO	urbano	extraurbano
Settimanale		13,00 €
Mensile	28,00 €	
Annuale		360,00 €

STUDENTE B

ABBONAMENTO	urbano	extraurbano
Settimanale	8,00 €	
Mensile		42,00 €
Annuale	250,00 €	

3. GUARDA/ASCOLTA LA SECONDA PARTE DEL DIALOGO E COMPLETA. POI RIPETI IL DIALOGO TANTE VOLTE CON UN COMPAGNO.

▸ 5 ▸ 19

Se si desidera, svolgere questa attività con la modalità degli esercizi 1 e 2.

1. .... QUESTO MODULO.
2. .... COSÌ?
3. UN ATTIMO! .... LA FIRMA.
4. ....?
5. QUA .... UN DOCUMENTO, PER FAVORE?
6. .... IL PERMESSO DI SOGGIORNO?
7. .... SOLO UNA FOTOCOPIA. E .... 28 €.
8. CERTO...
9. MI HA DATO 50 E SONO 22 € .... PER LEI.
10. GRAZIE E ....

4. IN COPPIA COMPLETATE I DIALOGHI: SEGNATE CON UNA X LA FRASE GIUSTA.

1. Può compilare questo modulo?
   - Quanto costa?
   - Sì, mi può dare una penna?
   - Grazie e arrivederci.
   - Scusi, dov'è via Verdi?
2. Manca la firma.
   - Non ho la foto.
   - Dove abiti?
   - Ah, mi scusi. Dove?
   - Bene, grazie. E Lei?
3. Ha un documento, per favore?
   - Ho la carta d'identità.
   - Ho due fratelli e una sorella.
   - Ho solo 20 €.
   - Sono cinese.
4. Sono 28 €.
   - No, io prendo l'autobus numero 30.
   - Sì, io ho 28 anni.
   - No, non mi piace.
   - Va bene, ecco 30 €.

ANDIAMO!

DEVI FARE L'ABBONAMENTO PER ANDARE DA CASA TUA ALLA SCUOLA DI ITALIANO. COMPLETA IL MODULO CON I TUOI DATI.

Fotocopiare il modulo in Appendice e distribuirne una copia a ogni studente. Passare tra i banchi per aiutare chi è in difficoltà.

CAPIAMO

I CARTELLI E GLI AVVISI

1. LEGGI E SOTTOLINEA NELLE IMMAGINI QUESTE PAROLE. CONOSCI IL LORO SIGNIFICATO? PARLA CON LA CLASSE E CON L'INSEGNANTE.

Aiutare gli studenti a trovare il sinonimo di uso comune di queste parole del linguaggio burocratico.

SPROVVISTO • SCIOPERO • VETTURA • DOCUMENTO DI VIAGGIO • RIVENDITE • CONVALIDA • SANZIONE AMMINISTRATIVA • IN VIGORE DAL

1

2

SCIOPERO

FASCE GARANTITE
5:30 - 8:30
12:30 - 15:30

3

ORARI IN VIGORE DAL 12 SETTEMBRE 2016

NON SI RILASCIANO BIGLIETTI IN VETTURA

PREMUNIRSI DI DOCUMENTO DI VIAGGIO PRESSO LE RIVENDITE AUTORIZZATE

83

Da Lunedì a Venerdì		*Sabato*		*Domenica*	
Ore	Frequenze	Ore	Frequenze	Ore	Frequenze
5	41 54	5	41 54	5	54
6	18 32 45	6	18 45	6	45
7	11 18 23 35	7	18 23 35	7	18 35

4

IL VIAGGIATORE SPROVVISTO DI DOCUMENTO DI VIAGGIO È SOGGETTO AL PAGAMENTO DI UNA SANZIONE AMMINISTRATIVA PECUNIARIA:

- PAGAMENTO IN VETTURA: 30,00 €
- PAGAMENTO CON NOTIFICA A DOMICILIO: 56,00 €

2. GUARDA DI NUOVO LE IMMAGINI SOPRA E INDICA SÌ O NO.

1	Con questo biglietto puoi viaggiare 90 minuti da quando timbri.	SÌ	NO
2	Questa sera l'autobus delle 18:30 non c'è.	SÌ	NO
3	Puoi comprare il biglietto sull'autobus.	SÌ	NO
4	Se non hai il biglietto e passa il controllore, devi pagare 30 € di multa sull'autobus.	SÌ	NO

ANDIAMO!

IN COPPIA **IMPARIAMO A LEGGERE GLI ORARI DELL'AUTOBUS.** 

Se possibile, procurarsi gli orari dell'autobus in uso nella città in cui ci si trova, altrimenti utilizzare le tabelle presenti in Appendice. Le indicazioni per le modalità di svolgimento dell'attività si trovano in Appendice.

STUDIAMO LA GRAMMATICA

IL VERBO *DOVERE*

1. LEGGI IL DIALOGO AD ALTA VOCE, POI COMPLETA LA TABELLA.

● BUONGIORNO, **DEVO** FARE L'ABBONAMENTO MENSILE DELL'AUTOBUS.
■ SÌ, SIGNORA, ALLORA **DEVE** COMPILARE QUESTO MODULO, PER FAVORE.

DOVERE			
IO	TU	LEI	LEI (formale)
....	DEVI	DEVE	....

RICORDA!

PER ESSERE PIÙ GENTILE CON LE PERSONE CHE NON CONOSCI, È MEGLIO DIRE "(**LEI**) **DEVE**" E NON "(TU) DEVI".

RICORDA ANCHE DI DIRE "**BUONGIORNO**" E NON "CIAO"!

2. FORMALE O INFORMALE? ASCOLTA E SCRIVI IL NUMERO DEI DIALOGHI AL POSTO GIUSTO.

LEI (FORMALE)

☐
☐

TU (INFORMALE)

☐
☐

3.A COMPLETA CON IL VERBO *DOVERE*.

Prima di fare svolgere gli esercizi 3A e 3B, chiedere agli studenti di riconoscere i dialoghi formali.

1. IO .... ANDARE A FARE L'ABBONAMENTO DELL'AUTOBUS.
2. MIO FRATELLO È AMMALATO E .... ANDARE DAL DOTTORE.
3. ● BUONGIORNO, SA DOV'È LA STAZIONE, PER FAVORE?
   ■ SÌ, SIGNORA, ... ANDARE SEMPRE DRITTA.
4. MARCO SVEGLIATI! È TARDI E .... ANDARE A SCUOLA OGGI.

3.B COMPLETA CON IL VERBO *DOVERE*.

1. Non posso parlare al telefono adesso, ... andare al corso di italiano.
2. ● Buongiorno, scusi, per andare in via Parini, ... prendere l'autobus 87?
   ■ No, signora. .... prendere l'autobus 67.
3. ● Ciao Andres, dove compro i biglietti dell'autobus?
   ■ .... andare al bar o all'edicola.

4. **SCRIVI I VERBI AL POSTO GIUSTO CON L'AIUTO DELL'INSEGNANTE.**

DOVETE • DEVONO • DOBBIAMO

DOVERE		
NOI	VOI	LORO
....	....	....

5.A **SCRIVI IL VERBO CORRETTO E COMPLETA LA FRASE ORALMENTE.**

1. NOI .... COMPRARE UN BIGLIETTO DELL'AUTOBUS PER...
2. VOI .... ANDARE IN FARMACIA PER...
3. LORO .... PRENDERE L'AUTOBUS NUMERO 5 PER...

5.B **SCRIVI IL VERBO CORRETTO E COMPLETA LA FRASE ORALMENTE.**

1. Io e la mia amica .... andare in classe perché...
2. Samira e Anita .... andare dal dottore perché...
3. Tu e tuo fratello .... comprare il biglietto per...

LE PREPOSIZIONI *IN* E *A*

6.A **COMPLETA CON LE PREPOSIZIONI *IN* O *A*.**

1. OGGI DEVO ANDARE .... CENTRO.
2. IL LUNEDÌ E IL MARTEDÌ VADO .... SCUOLA.
3. PRENDO L'AUTOBUS PER ANDARE .... CASA.
4. VADO .... COMUNE A FARE LA CARTA D'IDENTITÀ.

6.B **COMPLETA CON LE PREPOSIZIONI *IN* O *A*.**

1. Non prendo mai l'autobus, preferisco andare .... piedi.
2. Qualche volta vado .... bicicletta.
3. Samira oggi deve andare .... posta.
4. I miei amici vanno .... lavorare .... motorino.

ANDIAMO!

IN COPPIA ALLA BIGLIETTERIA PER FARE L'ABBONAMENTO DELL'AUTOBUS. A TURNO FATE L'IMPIEGATO E IL CLIENTE.

Dare agli studenti il tempo di preparare il dialogo che dovranno poi esporre davanti alla classe. Se necessario, scrivere alcune funzioni-guida alla lavagna. Questa attività può essere svolta liberamente, dando solo questa indicazione, oppure, se si preferisce un'attività più guidata, si possono distribuire i biglietti in Appendice.

IMPARIAMO A...

chiedere e dare le indicazioni stradali

1.A SAMIRA CHIEDE LA STRADA PER LA SCUOLA DI ITALIANO. ASCOLTA, CERCHIA LA PAROLA GIUSTA E COMPLETA. 

● SCUSI, SA DOV'È LA (BIBLIOTECA / LIBRERIA) .... GIANNI RODARI? DEVO ANDARE AL (CASA / CORSO) .... DI ITALIANO.

■ È QUI VICINO. DEVE SUPERARE IL (NEGOZIO / SUPERMERCATO) .... E GIRARE A DESTRA AL (FERMATA DELL'AUTOBUS / SEMAFORO) ...., POI DEVE ANDARE DRITTA. LA BIBLIOTECA È SULLA SINISTRA, DAVANTI ALLA (BANCA / FARMACIA) ....

● HO CAPITO. GRAZIE, ARRIVEDERCI.

■ PREGO. ARRIVEDERCI.

1.B ASCOLTA DI NUOVO E SCRIVI LE PAROLE AL POSTO GIUSTO. 

sinistra • dov'è • destra • dritta

Invitare gli studenti a coprire con un foglio l'esercizio 1A.

● Scusi, sa .... la biblioteca Gianni Rodari? Devo andare al corso di italiano.

■ È qui vicino. Deve superare il supermercato e girare a .... al semaforo, poi deve andare .... La biblioteca è sulla ...., davanti alla banca.

● Ho capito. Grazie, arrivederci.

■ Prego. Arrivederci.

2. ASCOLTA E MIMA LE INDICAZIONI CHE SENTI. POI DISEGNA LE FRECCE SULLE MAPPE E SCRIVI LE PAROLE AL POSTO GIUSTO.

Verificare la comprensione mimando e/o con l'aiuto di oggetti che si trovano in classe (per esempio banchi, sedie ecc.).

GIRARE A DESTRA • ATTRAVERSARE • ANDARE DRITTO • SUPERARE • GIRARE A SINISTRA

....

....

....

....

....

3. ASCOLTA DI NUOVO IL DIALOGO A PAG. 52 E DISEGNA IL PERCORSO DI SAMIRA SULLA MAPPA. POI INDICA DOVE SONO LA BIBLIOTECA E LA BANCA.

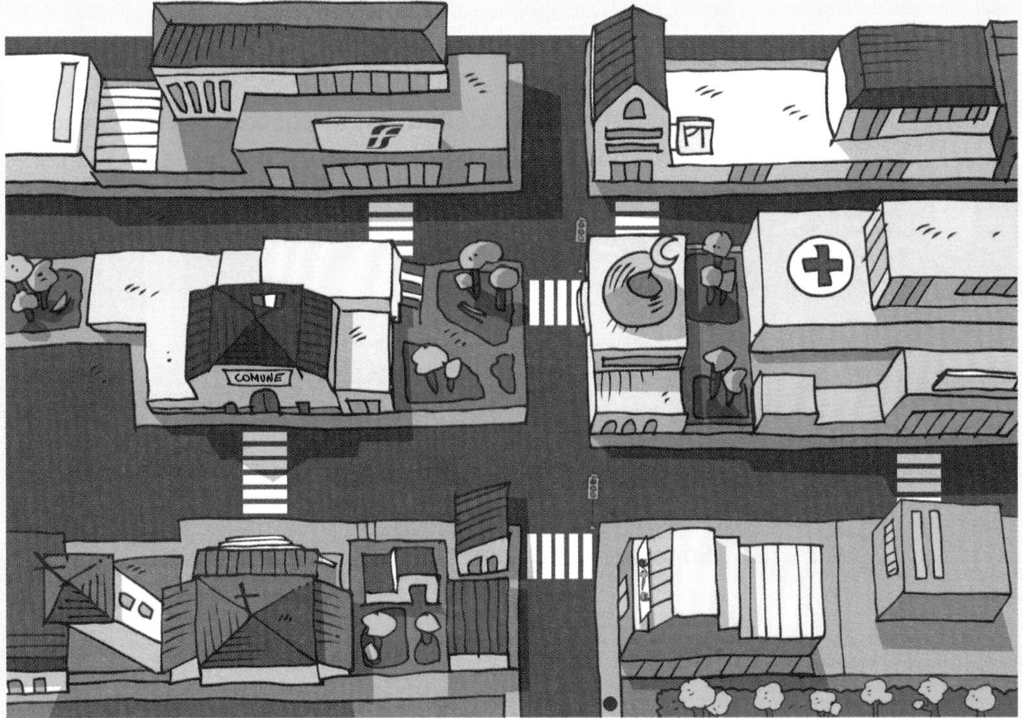

SAMIRA È QUI

ANDIAMO!

IN COPPIA A TURNO PESCATE UNA CARTA E DOMANDATE DOV'È IL LUOGO SCRITTO SULLA CARTA. RISPONDETE GUARDANDO LA MAPPA DELL'ESERCIZIO 3.

UNITÀ

5

IL MARITO E IL FIGLIO DI SAMIRA SONO ARRIVATI IN ITALIA

L'ANGOLO DELLA PRONUNCIA

C'È UN UOMO SUL TRENO
CON UN SOGNO NEL CUORE

PARLIAMO DI...

1. Parla con la classe.

- Quando sei arrivato in Italia?
- Come sei arrivato? In aereo, in treno o su una barca?
- Dove sei arrivato?
- Qualcuno dei tuoi parenti o dei tuoi amici era già qui?

2. Scrivi il numero delle frasi al posto giusto e completa la frase che corrisponde alla tua esperienza. Poi parla con la classe.

A 

B 

C 

1. Sono arrivato all'aeroporto di ....
2. Sono arrivato alla stazione di ....
3. Sono arrivato al porto di ....

3. Scrivi i verbi al posto giusto.

sono partito • sono andato • sono venuto • sono arrivato

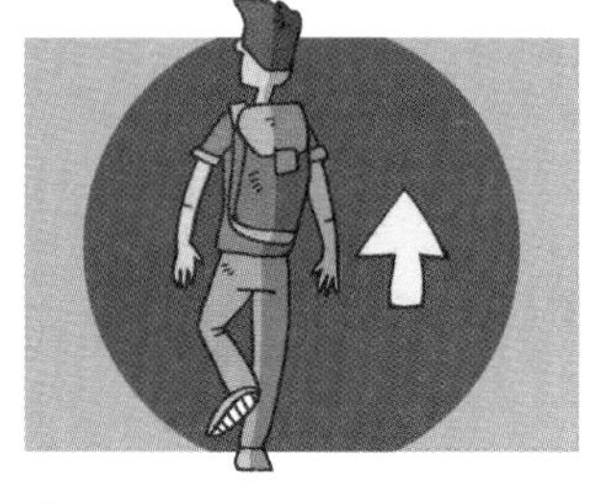

1. ....

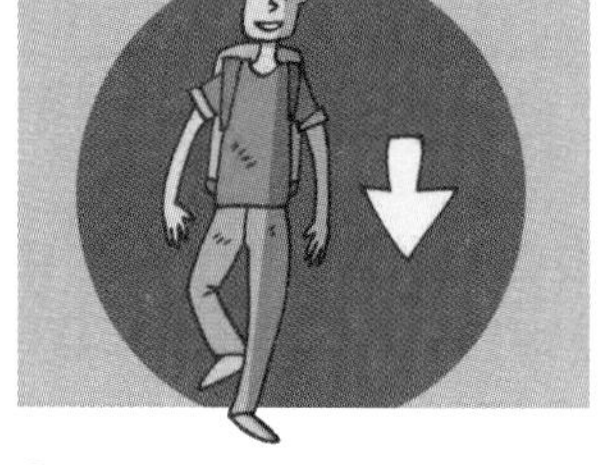

2. ....

3. ....

4. ....

CAPIAMO

OGGI SAMIRA VA A SCUOLA CON IL MARITO E IL FIGLIO E INCONTRA L'INSEGNANTE

1.A Ascolta e indica sì o no.

1.	SAMIRA È ANDATA A SCUOLA TARDI.	SÌ	NO
2.	IL MARITO DI SAMIRA È VENUTO IN ITALIA.	SÌ	NO
3.	ALI È ARRIVATO DA UNA SETTIMANA.	SÌ	NO
4.	IL FIGLIO DI SAMIRA È ANCORA IN SOMALIA.	SÌ	NO
5.	ALI È ARRIVATO ALL'AEROPORTO DI ROMA.	SÌ	NO
6.	IL VIAGGIO È STATO LUNGO E FATICOSO.	SÌ	NO

1.B Ascolta di nuovo e completa le frasi.

Gli studenti che terminano prima l'esercizio 1A possono passare all'esercizio 1B, che focalizza l'attenzione sulle funzioni del presentare e del presentarsi.

1. ● Sono venuta prima perché voglio .... mio marito a te e ai miei compagni: è arrivato ieri dalla Somalia con mio figlio, finalmente! Eccoli, ... Ali e Adam.
   ■ Ah, che bello! ....! Io sono Daniela e sono l'insegnante di italiano.
   ▶ ...., io sono Ali, il marito di Samira e questo è nostro figlio Adam.
2. ● Bene, Ali, è stato un piacere conoscerti. .... di vederti .... alla scuola di italiano.
   ■ ...., credo che ci vedremo presto.
   ● Bene, ... allora.
   ■ Arrivederci.

2. Ascolta e cerchia la parola giusta.

1. ● Ciao Samira, sei **partita** / **arrivata** presto oggi a scuola!
   ■ Sì, sono **partita** / **venuta** prima perché voglio presentare mio marito a te e ai miei compagni: è **arrivato** / **andato** ieri dalla Somalia con mio figlio, finalmente!
2. ● Ma quando sei **arrivato** / **partito**?
   ■ Sono **andato** / **arrivato** ieri, ieri mattina.
3. ● E com'è stato il viaggio? È stato lungo?
   ■ Sì, molto lungo. Siamo **venuti** / **partiti** da Mogadiscio, in Somalia, due giorni fa. Siamo **andati** / **partiti** in aereo in Kenya. Siamo rimasti lì in aeroporto per cinque ore, poi siamo andati in Etiopia e dall'Etiopia all'Italia... alla fine siamo **venuti** / **arrivati** all'aeroporto di Milano dopo quasi 24 ore di viaggio!

IMPARIAMO LE PAROLE

1. Guarda le immagini e completa le frasi.

tardi • presto

1. Pablo è arrivato ....

2. Pablo è arrivato ....

2.A Guarda il calendario e scrivi le parole al posto giusto.

IERI • DIECI GIORNI FA • L'ALTRO IERI • UNA SETTIMANA FA

FEBBRAIO							2016
1	LUNEDÌ	9	MARTEDÌ	17	MERCOLEDÌ	25	GIOVEDÌ
2	MARTEDÌ	10	MERCOLEDÌ	18	GIOVEDÌ	26	VENERDÌ ....
3	MERCOLEDÌ	11	GIOVEDÌ	19	VENERDÌ	27	SABATO ....
4	GIOVEDÌ	12	VENERDÌ	20	SABATO	28	**DOMENICA** OGGI
5	VENERDÌ	13	SABATO	21	**DOMENICA**	29	LUNEDÌ
6	SABATO	14	**DOMENICA**	22	LUNEDÌ		
7	**DOMENICA**	15	LUNEDÌ	23	MARTEDÌ		
8	LUNEDÌ	16	MARTEDÌ	24	MERCOLEDÌ		

2.B Leggi le frasi e sostituisci le date con le parole giuste.

dieci giorni fa • l'altro ieri • una settimana fa • ieri

1. Oggi è il 19 maggio. **Il 18 maggio** Madou è andato a scuola. ....
2. Oggi è il 5 marzo. **Il 3 marzo** Pablo è andato dal dottore. ....
3. Oggi è il 9 luglio. **Il 2 luglio** Sara è tornata a casa. ....
4. Oggi è il 20 ottobre. **Il 10 ottobre** Miriam è arrivata in Italia. ....

3. Abbina le espressioni con lo stesso significato.

1. UNA SETTIMANA FA
2. UN MESE FA
3. UN ANNO FA

A. L'ANNO SCORSO
B. LA SETTIMANA SCORSA
C. IL MESE SCORSO

ANDIAMO!

IN COPPIA **Pesca una carta e fai la domanda al tuo compagno.**

STUDIAMO LA GRAMMATICA

IL PASSATO PROSSIMO CON IL VERBO *ESSERE*

1. Scrivi le parole al posto giusto.

> *Questo esercizio introduce i termini "presente" e "passato". Non è necessario insistere sul termine "passato prossimo". È importante che gli studenti capiscano che si parla di un'azione passata.*

passato • presente

....

1. ● Ciao Samira dove vai?
   ■ Vado a scuola. **Oggi** è lunedì e io ho lezione di italiano.

....

2. ● Ciao Samira, dove sei andata **ieri**?
   ■ Sono andata a fare la spesa con mio marito.

2. Leggi e scrivi il numero delle frasi al posto giusto.

1. Ciao Samira, sei arrivata presto a scuola!
2. Oggi sono arrivata presto a scuola per presentare mio marito ai miei compagni.
3. Mio marito è arrivato ieri.

3. Completa la tabella.

IERI...

IO	IO	TU	TU	LUI	LEI
....	....	....	....	....	....
ANDATO	ANDATA	ANDAT........	ANDAT........	ANDAT........	ANDAT........

4.A Completa le frasi.

1. MARCO .... ANDAT....... A CASA DUE ORE FA.
2. MIA SORELLA .... ARRIVAT....... IERI.
3. OMAR, TU .... ARRIVAT....... TARDI ALLA LEZIONE DI ITALIANO.
4. ANA, TU .... ARRIVAT....... TARDI ALLA LEZIONE DI ITALIANO.
5. IERI IO .... VENUT....... A SCUOLA IN AUTOBUS.

> *Fare completare la frase 5 con il genere dello studente.*

4.B Completa la storia di Aziza.

Aziza .... venut....... in Italia due anni fa. .... partit....... dal Marocco con l'aereo ed .... arrivat....... all'aeroporto di Roma. Poi da Roma .... andat....... a Milano in treno.

5. IN COPPIA Completa la tua storia, come nell'esercizio 4B. Poi leggila al tuo compagno.

Aiutare lo studente a completare il testo con le proprie informazioni.

Io .... venut....... in Italia ....
.... partit....... dal .... con ....
e .... arrivat....... al .... di ....
Poi da .... sono andat....... a .... in ....

6. Leggi e scrivi il numero delle frasi al posto giusto. Poi sottolinea i verbi al passato prossimo, come nell'esempio.

1. Io e mio marito siamo arrivati un anno fa.
2. Tu e Madou siete arrivati tardi oggi a scuola.
3. Said e Miriam sono andati a Roma in aereo.

7. Completa la tabella.

NOI .... ANDAT........	NOI .... ANDAT........	VOI .... ANDAT........	VOI .... ANDAT........	LORO .... ANDAT........	LORO .... ANDAT........

8. Completa le frasi.

1. Io e mia moglie .... andat....... a fare la spesa due giorni fa.
2. Tu e Hamed .... andat....... a scuola oggi?
3. Miriam e Jasmine .... arrivat....... in Italia tre anni fa.

ANDIAMO!

IN COPPIA Formate delle frasi con le parole in Appendice. Potete usare la stessa parola più volte e formare anche frasi negative.

Spiegare che le frasi possono avere la negazione o meno. Fornire degli esempi alla lavagna prima di svolgere l'esercizio.

CAPIAMO

ALI E SAMIRA RACCONTANO CHE COSA HANNO FATTO IERI

1. Scrivi il numero delle frasi al posto giusto.

1. Ho fatto la spesa.
2. Ho cucinato.
3. Ho guardato la tv.
4. Ho lavato i piatti.
5. Ho giocato con mio figlio.
6. Ho telefonato.

A 

B 

C 

D 

E 

F 

2. Leggi che cosa hanno fatto Ali e Samira ieri e segna con una x nella tabella chi ha fatto queste azioni.

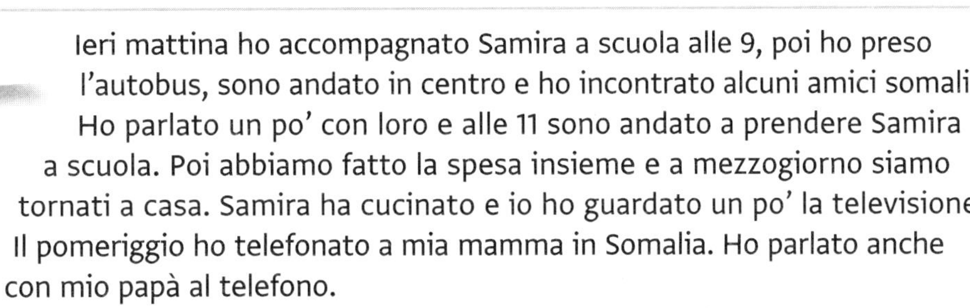

Ieri mattina ho accompagnato Samira a scuola alle 9, poi ho preso l'autobus, sono andato in centro e ho incontrato alcuni amici somali. Ho parlato un po' con loro e alle 11 sono andato a prendere Samira a scuola. Poi abbiamo fatto la spesa insieme e a mezzogiorno siamo tornati a casa. Samira ha cucinato e io ho guardato un po' la televisione. Il pomeriggio ho telefonato a mia mamma in Somalia. Ho parlato anche con mio papà al telefono.
La sera ho mangiato a casa con Samira e Adam, poi lei ha pulito la cucina e io ho giocato un po' con nostro figlio.

Ieri mattina sono andata a scuola. Dopo la scuola ho fatto la spesa con mio marito Ali in un supermercato. Quando siamo tornati a casa, ho cucinato il riso con il pollo e le verdure. Poi abbiamo mangiato. Il pomeriggio ho pulito un po' la casa e poi sono andata con mio figlio Adam a casa di una mia amica. Abbiamo bevuto un tè e abbiamo parlato un po'. Verso le 6 sono tornata a casa. Ho preparato la cena per Ali e Adam e abbiamo cenato tutti insieme. Poi ho lavato i piatti e, prima di dormire, ho guardato un po' la televisione.

	ALI	SAMIRA
Ha accompagnato la moglie a scuola.	X	
Ha preso l'autobus.		
Ha parlato con gli amici.		
Ha fatto la spesa al supermercato.		
Ha cucinato.		X

	ALI	SAMIRA
Ha guardato la tv.		
Ha bevuto il tè.		
Ha telefonato.		
Ha lavato i piatti.		
Ha giocato con il figlio.		

STUDIAMO LA GRAMMATICA

IL PASSATO PROSSIMO CON IL VERBO *AVERE*

1. Scrivete il participio passato di questi verbi con l'aiuto dell'insegnante, poi dite delle frasi vere per voi.

IERI HO MANGIATO IL POLLO.

Non è necessario che gli studenti ricordino il termine "participio passato" o che sappiano come si forma. Se la classe è di livello adeguato ed è interessata a comprendere la regola grammaticale, dare la spiegazione alla lavagna, altrimenti sarà sufficiente fare delle attività di memorizzazione. Si possono anche utilizzare le carte dei verbi in Appendice.

Ieri io ho...

1. parlare: ....
2. cucinare: ....
3. mangiare: ....
4. bere: ....
5. leggere: ....
6. scrivere: ....
7. giocare: ....
8. dormire: ....
9. fare: ....
10. incontrare: ....
11. camminare: ....
12. vedere: ....
13. lavare: ....
14. telefonare: ....
15. guardare: ....
16. capire: ....

2. Leggi e scrivi il numero delle frasi al posto giusto.

1. Ieri **ho** dormito tutto il giorno.
2. Che cosa **hai** fatto ieri?
3. Ali **ha** telefonato a sua mamma.
4. Io e Jasmine **abbiamo** cucinato.
5. Tu e Pablo **avete** guardato la tv.
6. Ahmed e Shirin **hanno** letto l'e-mail.

3. Completa la tabella con il verbo *avere*.

	IO	TU	LUI/LEI	NOI	VOI	LORO
GUARD-ARE	.... GUARDATO	.... GUARDATO	.... GUARDATO	.... GUARDATO	.... GUARDATO	.... GUARDATO
LEGG-ERE	.... LETTO	.... LETTO	.... LETTO	.... LETTO	.... LETTO	.... LETTO
DORM-IRE	.... DORMITO	.... DORMITO	.... DORMITO	.... DORMITO	.... DORMITO	.... DORMITO
FARE	.... FATTO	.... FATTO	.... FATTO	.... FATTO	.... FATTO	.... FATTO

ANDIAMO!

IN COPPIA Formate delle frasi con le parole in Appendice. Potete usare la stessa parola più volte e formare anche frasi negative.

Spiegare che le frasi possono avere la negazione o meno. Fornire degli esempi alla lavagna prima di svolgere l'esercizio.

HO COMPRATO IL RISO.

ESSERE O *AVERE*: LA SCELTA DELL'AUSILIARE

4. Leggi e completa la vita di Mario e la giornata di Anna con il passato prossimo dei verbi mancanti.

Tornare a pag. 57 e fare notare quali sono i verbi che richiedono il verbo essere. La regola è complessa, per cui è meglio fornire esempi invece di spiegazioni articolate.

RICORDA!

IO MI SVEGLIO. → IO MI SONO SVEGLIATA.

IO MI LAVO. → IO MI SONO LAVATA.

LA VITA DI MARIO

1. È nato in Argentina. (nascere)

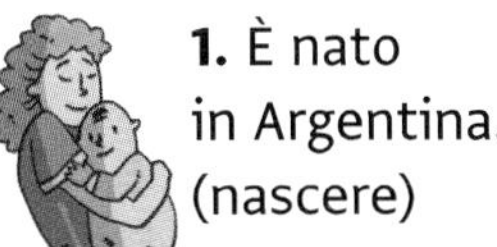

2. .... a Buenos Aires. (crescere)

3. .... per l'Italia. (partire)

4. Si è sposato. (sposarsi)

5. .... papà. (diventare)

6. È rimasto in Italia per cinquant'anni. (rimanere)

7. .... in Argentina. (tornare)

8. È morto molto anziano. (morire)

LA GIORNATA DI ANNA

1. Si è alzata alle 7. (alzarsi)

2. Si è vestita. (vestirsi)

3. .... di casa per andare da una sua amica. (uscire)

4. .... sull'autobus numero 8. (salire)

5. È scesa dall'autobus. (scendere)

6. .... dalla sua amica alle 10. (arrivare)

7. .... dalla sua amica per due ore. (rimanere)

8. È stata molto contenta di vedere la sua amica. (essere)

5. Sottolinea la frase giusta.

1. Io ho andato in centro. / Io sono andato in centro.
2. Io ho fatto la spesa. / Io sono fatto la spesa.
3. Mio marito ha arrivato. / Mio marito è arrivato.
4. Hai comprato il pane? / Sei comprato il pane?
5. L'aereo ha partito. / L'aereo è partito.
6. Ho stato a casa tutto il giorno. / Sono stato a casa tutto il giorno.
7. Abbiamo tornati a casa tardi ieri sera. / Siamo tornati a casa tardi ieri sera.
8. Avete saliti sull'autobus in via Roma. / Siamo saliti sull'autobus in via Roma.
9. Anna si è alzata alle 8. / Anna si ha alzata alle 8.
10. Gli studenti hanno capito la lezione? / Gli studenti sono capiti la lezione?

ANDIAMO!

IN COPPIA A turno fatevi una domanda e rispondete.

● Che cosa hai fatto ieri / l'altro ieri / domenica?

■ Ieri / l'altro ieri / domenica io ho...

GLI AGGETTIVI POSSESSIVI

6. Guarda e completa la tabella con gli aggettivi possessivi.

MIO FIGLIO	TU....... FIGLIO	SU....... FIGLIO	NOSTR....... FIGLIO	VOSTR....... FIGLIO	IL LORO FIGLIO
MIA FIGLIA	TU....... FIGLIA	SU....... FIGLIA	NOSTR....... FIGLIA	VOSTR....... FIGLIA	LA .... FIGLIA
I MIEI FIGLI	I TUOI FIGLI	I SU....... FIGLI	I NOSTRI FIGLI	I VOSTR....... FIGLI	I .... FIGLI
LE MIE FIGLIE	LE TUE FIGLIE	LE SU.... FIGLIE	LE NOSTRE FIGLIE	LE VOSTR... FIGLIE	LE LORO FIGLIE

ANDIAMO!

IN COPPIA Pescate una carta "famiglia" e una carta "persona" e formate delle frasi.

Distribuire le carte "famiglia" e le carte "persona" che si trovano in Appendice. Fare formare delle frasi.

IMPARIAMO A...

raccontare la nostra storia

1. Leggi e completa la tabella. Poi inserisci le tue informazioni.

1 Mi chiamo Atul Sen e sono indiano. Sono nato a Mumbai nel 1995. Ho studiato in India dove ho fatto la scuola superiore. Quando ho finito la scuola, ho lavorato nel negozio di vestiti di mio papà. Ho anche giocato in una squadra di cricket come professionista per un anno. Nel 2014 sono venuto in Italia per cercare lavoro. Qui faccio l'operaio in una fabbrica. Non sono sposato.

2 Mi chiamo Tayo Ekeinde e sono nigeriana. Sono nata a Lagos nel 1990. Ho studiato in Nigeria. Ho fatto la scuola superiore, poi ho cominciato l'università ma non l'ho finita. In Nigeria ho lavorato come cameriera in un hotel. Nel 2010 mi sono sposata. Mio marito è venuto in Italia nel 2011. Io sono venuta nel 2013. In Italia lavoro come parrucchiera nel negozio di una mia amica nigeriana.

3 Mi chiamo Andrej Platonov e sono ucraino. Sono nato a Kiev nel 1980. Ho studiato nel mio Paese e ho fatto l'università. Ho studiato Ingegneria. Ho anche giocato a calcio per cinque anni in una squadra importante della mia città. Sono venuto in Italia nel 2006. Mi sono sposato nel 2008 e ho due figli, un bambino e una bambina. In Italia ho fatto tanti lavori: operaio, muratore, cameriere... adesso lavoro di notte in un panificio.

	1	2	3	IO
Mi chiamo...				
Sono... (nazionalità)				
Sono nato a... nel...				
Ho fatto... (scuola) / Ho studiato...				
Sono venuto in Italia nel...				
Ho fatto... (lavoro) / Adesso faccio... (lavoro)				
Mi sono sposato nel...				
Ho / Non ho... (figli)				

ANDIAMO!

1. IN COPPIA **Racconta la tua storia al tuo compagno. Aiutati con le parole della prima colonna nella tabella a pag. 63.**

2. Scrivi la tua storia.

Anche gli studenti pre A1 possono provare a scrivere qualche semplice frase.

2. Rispondete alle domande. Poi leggete la tabella sotto e dite qual è il titolo di studio delle 3 persone dell'esercizio 1 a pag. 63 con l'aiuto dell'insegnante.

- A quanti anni i bambini vanno a scuola nel tuo Paese?
- Quanti anni di scuola hai fatto tu?

Nella tabella tra parentesi sono indicati i nomi usati comunemente anche se non più corretti. Vanno comunque insegnati perché utilizzati nelle conversazioni informali.

età: 6-10	età: 11-13	età: 14-18	età: 19-23
SCUOLA PRIMARIA 5 anni (scuola elementare)	**SCUOLA SECONDARIA DI PRIMO GRADO** 3 anni (scuola media)	**LICEO** 5 anni **ISTITUTO TECNICO / PROFESSIONALE** 5 anni **FORMAZIONE PROFESSIONALE** 3/4 anni (scuola superiore)	**UNIVERSITÀ** 3+2 anni
TITOLO DI STUDIO			
LICENZA ELEMENTARE	LICENZA MEDIA	DIPLOMA / MATURITÀ	LAUREA triennale LAUREA magistrale

3. Scrivi e racconta alla classe com'è la scuola nel tuo Paese.

Aiutare gli studenti a descrivere a grandi linee il sistema scolastico del loro Paese indicando i principali cicli di studio. Può essere un'attività complessa. Cercare di semplificare il più possibile.

ETÀ DEGLI STUDENTI			
NOME SCUOLA E DURATA			
TITOLO DI STUDIO			

4. Scrivi il nome del tuo titolo di studio con l'aiuto dell'insegnante.

Il mio titolo di studio nel mio Paese è ....

In Italia si dice ....

UNITÀ 6

SAMIRA CERCA LAVORO

L'ANGOLO DELLA PRONUNCIA

GIORGIO FA IL GOMMISTA, GIADA FA LA CASALINGA, ANGELA LAVORA ALL'UFFICIO PAGHE, GIULIO GUIDA IL CAMION.

PARLIAMO DI...

1. Che lavoro fanno queste persone? Scrivete i nomi delle professioni al posto giusto.

Chiedere agli studenti se conoscono i nomi di queste professioni, poi aiutare a completare l'esercizio scrivendo alla lavagna la soluzione.

cassiera • contadino • infermiera • calzolaio • magazziniere • muratore • cameriere

1. ....
3. ....
5. ....

2. ....
4. ....
6. ....
7. ....

2. Parla con la classe.

Durante la conversazione, scrivere alla lavagna i lavori di tutti gli studenti, assicurandosi che siano chiari per tutta la classe.

- Che lavoro fai?
- Che lavoro sai fare?
- Che lavoro facevi nel tuo Paese?
- Che lavoro ti piacerebbe fare?

3. Abbina le frasi al luogo giusto.

1. Hannah cerca lavoro.
2. Khadidiatou vuole fare un corso di pasticceria.
3. Ali e Hassan devono scrivere il CV (curriculum vitae).
4. Voglio prendere la patente per il muletto.

CENTRO DI FORMAZIONE PROFESSIONALE

CENTRO PER L'IMPIEGO

CAPIAMO

SAMIRA INCONTRA MODOU, UN AMICO SENEGALESE: MODOU RACCONTA COME HA TROVATO LAVORO

1. Guardate l'immagine e rispondete alle domande. Poi ascoltate il dialogo e rispondete di nuovo alle domande. 

- Secondo voi, di che cosa parlano Samira e il suo amico?
- Che lavoro fa il suo amico?
- Che lavoro piacerebbe fare a Samira?

2. Ascolta la prima parte del dialogo e segna con una x la foto dell'esercizio 1 a pag. 65 con il lavoro di Modou. Poi indica qual è il suo orario di lavoro. 

A. Una settimana al mattino dalle 6 alle 14 e una settimana al pomeriggio dalle 14 alle 22.
B. Tutti i giorni dalle 8 del mattino alle 17 del pomeriggio.

3. Ascolta di nuovo la prima parte del dialogo e scrivi nella tabella le informazioni corrette sul lavoro di Modou. 

1. operaio • calzolaio • magazziniere
2. cantiere • supermercato • fabbrica
3. tempo pieno su turni • tempo pieno a giornata • part-time
4. a tempo indeterminato • a tempo determinato • senza contratto
5. tre mesi • un anno • sei mesi

1. CHE LAVORO FA	2. DOVE LAVORA	3. ORARIO DI LAVORO	4. TIPO DI CONTRATTO	5. DURATA DEL CONTRATTO

4. Scrivi le parole al posto giusto.

in • lavora come • fa • scade fra • il suo contratto • i turni

Modou .... magazziniere .... un supermercato.
Fa ...., una settimana la mattina e una il pomeriggio.
Lavora a tempo pieno perché .... otto ore al giorno.
È contento di avere un lavoro anche se non è un lavoro fisso, infatti .... è a tempo determinato e .... sei mesi.

ANDIAMO!

1. Pesca una carta e mima il mestiere ai tuoi compagni, che devono indovinarlo.

2. IN COPPIA Pesca una carta, scegli le parole chiave e racconta il mestiere al tuo compagno.

Gli studenti useranno come modello il testo dell'esercizio 4.

5. Ascolta la seconda parte del dialogo e segna con una x i corsi che cita Modou.

- CUOCO
- LINGUA INGLESE
- PARRUCCHIERE
- PASTICCERE
- ELETTRICISTA
- BARMAN
- MAGAZZINIERE
- DOMESTICA
- MECCANICO
- PANETTIERE
- ASSISTENTE FAMILIARE
- CALZOLAIO
- SARTO
- ASA (Ausiliario Socio Assistenziale)
- OSS (Operatore Socio Sanitario)

6.A Ascolta di nuovo la seconda parte del dialogo e indica sì o no.

1. Modou ha fatto un corso professionale in Italia. SÌ ◯ NO ◯ ....
2. Modou ha fatto un corso per diventare cuoco. SÌ ◯ NO ◯ ....
3. Modou ha la patente per il muletto. SÌ ◯ NO ◯ ....
4. Samira va subito all'agenzia di formazione professionale per iscriversi a un corso. SÌ ◯ NO ◯ ....
5. Samira ha già lavorato in Somalia. SÌ ◯ NO ◯ ....
6. Samira ha curato i nipoti e i nonni in Somalia. SÌ ◯ NO ◯ ....
7. Samira vuole tanto fare l'infermiera. SÌ ◯ NO ◯ ....

6.B Ascolta ancora la seconda parte del dialogo e scrivi la risposta corretta dove hai indicato "no" nell'esercizio 6A.

7. Ascolta la terza parte del dialogo e abbina le parole con lo stesso significato, come nell'esempio.

1. impiego → C
2. dichiarazione
3. disponibilità al lavoro
4. disoccupato
5. Centro per l'Impiego

- **A.** persona che non ha un lavoro
- **B.** ufficio pubblico dove aiutano a cercare lavoro
- **C.** lavoro
- **D.** essere disponibili e interessati a lavorare
- **E.** certificato

IMPARIAMO LE PAROLE

1. Scrivi le parole al posto giusto.

lingua inglese • pasticcere • barista • ASA • muletto / carrello elevatore

1. ....
2. ....
3. ....
4. ....
5. ....

2. Leggi il volantino e completa.

lingua inglese • pasticcere • barista • ASA • carrello elevatore

CENTRO DI FORMAZIONE PROFESSIONALE

• **CORSO DI** ....
Preparazione di torte, biscotti e di altri prodotti da forno.
Durata: 50 ore. Costo: 300 €.
Inizio corso: 22 settembre 2016.

• **FORMAZIONE PER ADDETTI ALLA CONDUZIONE DEL** ....
Modulo giuridico normativo (8 ore).
Modulo pratico: guida muletto (4 ore).
Costo: 150 €.
Il corso viene attivato al raggiungimento di 12 iscritti.

• **CORSO DI** ....
Ausiliario socio assistenziale, cura degli anziani in appartamento o presso le case di riposo. Durata del corso annuale: 6 mesi di teoria e 6 mesi di tirocinio. Informazioni costi / date su richiesta.

• **CORSO DI** ....
Livello elementare (A1, A2), intermedio (B1, B2), avanzato (C1).
I corsi iniziano il primo lunedì di ogni mese.

• **CORSO BASE DI** ....
Preparazione di caffè, cappuccini, bevande calde, aperitivi e cocktail. 40 ore = 400 €. Inizio corso: 15 febbraio.

Al termine di ogni corso si rilascia un attestato.
Per informazioni: Scuola di formazione professionale, tel. 0114678908, da lunedì a venerdì 9-12 e 14-18; formazioneprofessionale@agenziaviaparini.com

3. **Leggi e sottolinea la frase giusta, come nell'esempio.**

1. Inizio corso: 22 settembre 2016.
   A. Il corso di pasticcere inizia a settembre.
   B. Il corso di pasticcere finisce a settembre.
2. Addetti alla conduzione del carrello elevatore.
   A. Meccanici che sanno riparare il muletto.
   B. Persone che sanno guidare il muletto.
3. Il corso viene attivato al raggiungimento di dodici iscritti.
   A. Il corso comincia se ci sono almeno dodici persone iscritte.
   B. Il corso può avere al massimo dodici iscritti.
4. Sei mesi di teoria e sei mesi di tirocinio.
   A. Il corso comprende un tirocinio pratico.
   B. Il corso dura sei mesi.
5. Al termine di ogni corso si rilascia un attestato.
   A. Per fare i corsi, devi portare un attestato.
   B. Alla fine dei corsi ricevi un attestato.

ANDIAMO!

IN COPPIA **Leggete più volte il dialogo, poi scegliete un corso del volantino dell'esercizio 2. A turno telefonate alla scuola per chiedere informazioni e rispondete.**

Chiedere alle coppie di studenti di leggere più volte il dialogo scambiandosi i ruoli. Poi simulare i dialoghi usando le espressioni in grassetto. Lo studente che risponde può aggiungere informazioni non presenti nel volantino a piacimento.

1. Centro di formazione professionale, buongiorno.
2. Buongiorno, **volevo alcune informazioni sul corso** di ASA.
3. Certo, mi dica.
4. **Quando comincia il prossimo corso?**
5. Se raggiungiamo dodici iscritti, comincia tra un mese, lunedì 17 aprile.
6. Ho capito. **Quanto costa l'iscrizione?**
7. Il costo totale del corso, compreso il tirocinio, è di 1100 €.
8. **È possibile pagare a rate?**
9. Sì, può pagare una prima rata di 500 € al momento dell'iscrizione e la seconda di 600 € entro la fine di luglio.
10. Grazie, **quando posso venire per l'iscrizione?**
11. Siamo aperti da lunedì a venerdì dalle 9 alle 12 e dalle 14 alle 18.
12. La ringrazio molto.
13. Di nulla. Arrivederci e buona giornata.

PARLIAMO DI...

1. Scrivi le parole al posto giusto.

sala d'attesa • impiegata del Centro per l'Impiego • annunci di lavoro

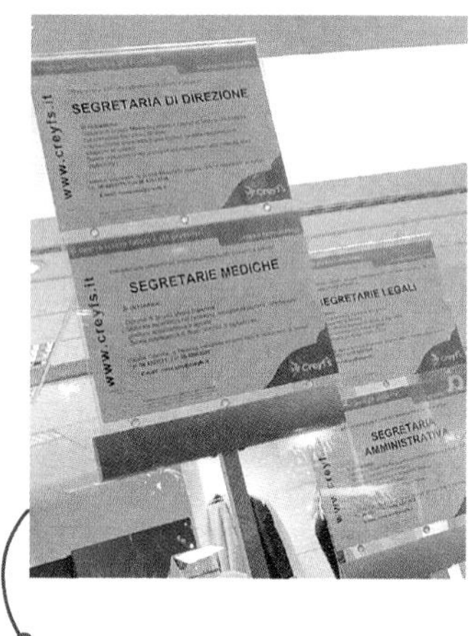

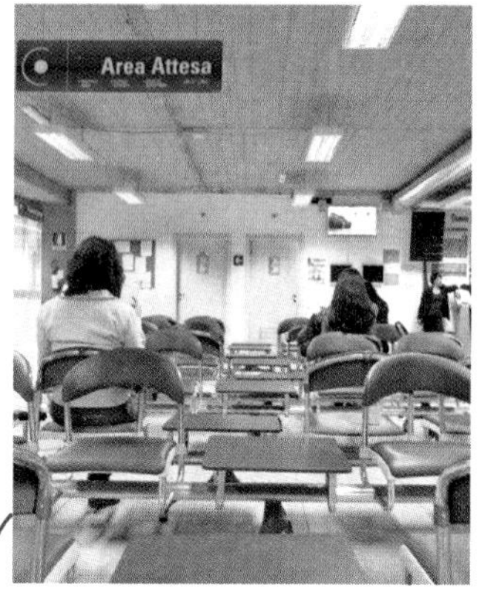

1. ....

2. ....

3. ....

2. Guardate le foto dell'esercizio 1 e rispondete alle domande.

- Siete mai stati al Centro per l'Impiego?
- Sapete dove si trova quello della vostra città?
- Secondo voi, perché è utile andare al Centro per l'Impiego?

3. IN PICCOLI GRUPPI Discutete sul significato delle parole che leggete sulle carte che vi consegna l'insegnante.

Formare gruppi di 3 o 4 studenti, fotocopiare e ritagliare le parole qui sotto e distribuire a ogni gruppo le carte con le parole dello stesso colore, chiedendo di trovare insieme il significato di ogni termine. Passare tra i banchi per aiutare. Alla fine chiedere a tutti i gruppi di spiegare alla classe il significato delle parole in loro possesso.

ISCRIZIONE	CENTRO PER L'IMPIEGO	PERMESSO DI SOGGIORNO VALIDO
SCUOLA PRIMARIA	DIPLOMA	PATENTE
ATTESTATO	ANZIANI	ESPERIENZA LAVORATIVA
ASSISTENTE FAMILIARE	ANNUNCI DI LAVORO	TITOLO DI STUDIO
IMPRESE	LIVELLO A2	INDIRIZZO
LIVELLO B2	LICENZA MEDIA	AGENZIE DEL LAVORO
INTERNET	COOPERATIVE LOCALI	BAMBINI
CURA ALLA PERSONA	FARE LE PULIZIE	CURRICULUM

SAMIRA VA AL CENTRO PER L'IMPIEGO DELLA SUA CITTÀ

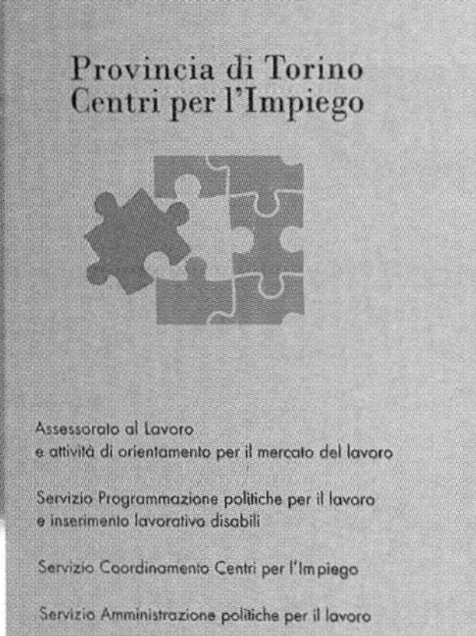

1. Guarda/ascolta il dialogo. Poi metti in ordine le azioni.  

Fare leggere le frasi agli studenti prima di svolgere l'esercizio per verificare la comprensione.

- [ ] L'impiegata chiede a Samira la carta di identità, il codice fiscale e il permesso di soggiorno.
- [ ] L'impiegata dà a Samira la sua dichiarazione di immediata disponibilità al lavoro.
- [ ] Samira saluta l'impiegata e dice che sta cercando un lavoro.
- [1] Samira va al Centro per l'Impiego della sua città.
- [ ] L'impiegata dice a Samira che per prima cosa deve iscriversi al Centro per l'Impiego.
- [ ] L'impiegata chiede a Samira se ha mai lavorato in Italia.
- [ ] L'impiegata chiede a Samira se ha fatto qualche corso o scuola in Italia.

2. Guarda/ascolta la seconda parte del dialogo e segna con una x le informazioni che vengono messe nel curriculum vitae di Samira.  

- il suo nome
- il nome dei suoi genitori
- la cittadinanza
- il numero di telefono
- il numero del documento di identità
- l'indirizzo e-mail
- il profilo Facebook
- il lavoro che vuole fare
- che cosa fa nel tempo libero
- il titolo di studio
- il numero della patente di guida
- quali lingue parla
- se sa usare il computer

3. Guarda/ascolta la terza parte del dialogo e rispondi alle domande.  

1. Che cosa chiede Samira all'impiegata?

....

2. Scrivi i 3 modi per trovare lavoro che l'impiegata consiglia a Samira.

A. ....

B. ....

C. ....

ANDIAMO!

Compila il modulo di disponibilità al lavoro con i tuoi dati.

DICHIARAZIONE DI IMMEDIATA DISPONIBILITÀ
ALLO SVOLGIMENTO DI ATTIVITÀ LAVORATIVA
Ai sensi dell'art. 2 D.Lgs n. 181/2000, modificato dall'art. 3 D.Lgs n. 297/2002

Al Centro per l'Impiego di ....
Il/la sottoscritto/a .... nato/a il ....
a ....
cittadinanza .... documento di riconoscimento ....
rilasciato da .... il ....

valendosi delle disposizioni di cui al D.P.R. n. 445/2000 per il rilascio delle dichiarazioni sostitutive di certificazione e di atto di notorietà e consapevole delle sanzioni penali, nel caso di dichiarazioni non veritiere, di formazione o uso di atti falsi, richiamate dall'art. 76 del D.P.R. 445/2000:

DICHIARA

1. di essere domiciliato/a a .... prov ....
via ....
(tel ....) recapito al quale l'Amministrazione dovrà inviare tutte le comunicazioni che lo/a riguardano.

2. disponibilità lavorativa

☐ di essere immediatamente disponibile allo svolgimento di un'attività lavorativa ai sensi del D.Lgs n. 181/2000, e successive modificazioni ed integrazioni;

[...]

3. Attività lavorativa

3a. che l'ultima attività lavorativa svolta si è conclusa nell'anno .... **ed era di tipo:**

☐ subordinata
☐ autonoma
☐ collaborazione coordinata continuativa / lavoro a progetto
☐ lavoro occasionale
☐ socio lavoratore di società cooperativa di produzione e lavoro
☐ altro (specificare il tipo di attività) ....

3b. di svolgere attualmente attività:

☐ subordinata ☐ occasion. ☐ coll. coord. cont. / progetto ☐ altro ....
☐ autonoma ☐ collab. fam. ☐ socio di cooperativa [...]

4. di NON AVER PRESENTATO la presente dichiarazione ad altri Centri per l'Impiego;

[...]

8. di aver ricevuto l'informativa relativa al trattamento dei dati personali, trattamento svolto al fine di favorire l'incontro fra domanda e offerta lavorativa, e relativa ai diritti dell'interessato, così come disciplinati dalla normativa sulla tutela della privacy;

9. di autorizzare il Centro per l'Impiego e l'Amministrazione Provinciale di .... al trattamento dei dati personali anche per l'assolvimento delle finalità istituzionali cui sono preposti, nel rispetto dei limiti previsti dalla legge e dai regolamenti.

10. Altre dichiarazioni ....
....

Il/la dichiarante .... Data ....
L'operatore ....

COSA DICIAMO PER...

1. Ascolta e completa il dialogo.

Fare notare la forma di cortesia alla terza persona e le espressioni gentili come "buongiorno", "per favore" ecc.

RICORDA!

SAMIRA E L'IMPIEGATA NON SI CONOSCONO, QUINDI USANO IL "LEI" (FORMA DI CORTESIA) E ALCUNE PAROLE PER ESSERE GENTILI.

1. ....

2. Buongiorno signora, ...

3. Sto cercando lavoro: mi .... aiutare?

4. Certo. Mi può dare la carta d'identità, il codice fiscale e il permesso di soggiorno, ...?

5. Ecco ....

6. .... mai lavorato in Italia?

7. No, non ho mai lavorato.

8. .... qualche attestato o diploma fatto in Italia, o valido in Italia?

9. No, non ancora.

10. Allora... adesso facciamo insieme il curriculum...

11. Sì, ...

ANDIAMO!

IN COPPIA **Immagina di andare al Centro per l'Impiego per chiedere informazioni sulla ricerca di lavoro. Il tuo compagno fa l'impiegato. Preparate il dialogo, poi esponetelo davanti alla classe facendo molta attenzione alla forma di cortesia e alle parole gentili.**

FONETICA

Ascolta e ripeti. Scrivi le parole al posto giusto, poi aggiungi altre parole che conosci con questi suoni.

giardiniere • colle**ghi** • **gi**ornalaio • **ge**ometra • **gu**ida • **gu**ardiano • ag**gi**ustare • ri**ghe**llo • **gi**udice • alber**ghi** • casalin**ga** • pa**ghe**

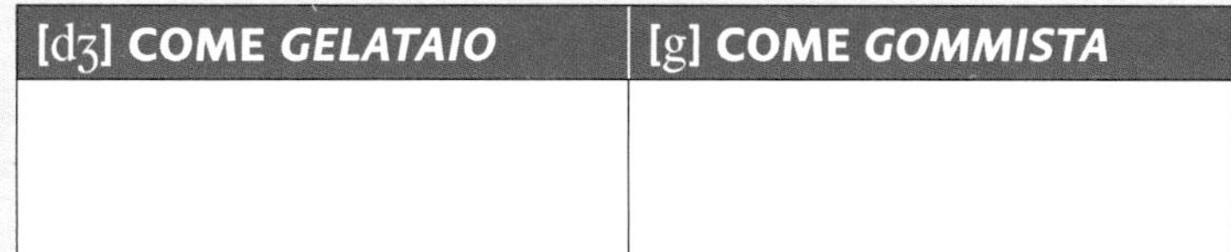

[dʒ] COME *GELATAIO*	[g] COME *GOMMISTA*

IMPARIAMO LE PAROLE

1.A Scrivi le parole al posto giusto. Poi abbina le foto e gli annunci e rispondi: quali annunci offrono un lavoro e quali invece sono di persone che cercano un'occupazione? Parla con la classe.

cameriere • baby-sitter / tata • commessa • badante

2. ....

4. ....

1. ....

3. ....

A ☐ FAMIGLIA PRIVATA - PARMA, EMILIA-ROMAGNA, CERCA **BADANTE**. BUONA CONOSCENZA LINGUA ITALIANA. LAVORO POMERIGGIO E PRESENZA **NOTTURNA**. STIPENDIO ADEGUATO + **VITTO E ALLOGGIO**. TELEFONARE IN ORARIO SERALE AL 345 678910.

B ☐ DAL 2005 ESPERIENZE DI LAVORO NEL SETTORE ABBIGLIAMENTO, ACCESSORI, BIGIOTTERIA. CONOSCENZA USO PC, CASSA, ALLESTIMENTO VETRINE, VENDITA. LINGUE PARLATE: ITALIANO, RUSSO, INGLESE. **DISPONIBILITÀ IMMEDIATA**, PREFERIBILMENTE PART-TIME. NUMERO DI TEL. 332 2244889

C ☐ SIGNORA UCRAINA, 51 ANNI, EDUCATA, GENTILE, OTTIMO ITALIANO, APPASSIONATA DI BAMBINI, **AUTOMUNITA**, CERCA LAVORO COME TATA / BABY-SITTER. LIBERA DAL 20 MARZO. CELL. 399 987654

D ☐ AZIENDA - ROMA, LAZIO PICCOLO RISTORANTE IN CENTRO RICERCA COLLABORATORE DINAMICO, **VOLENTEROSO**, PER SERVIZIO AI TAVOLI, PART-TIME. SI RICHIEDE SERIETÀ. PER COLLOQUIO DI LAVORO SCRIVERE A vivalapasta@tmail.it

1.B Abbina le parole al significato corretto.

1. badante
2. vitto e alloggio
3. notturna
4. volenteroso
5. automunita
6. disponibilità immediata

A. che ha voglia di lavorare
B. essere pronto per cominciare a lavorare subito
C. aiutante per anziani o malati
D. di notte
E. cibo e casa
F. con la macchina

STUDIAMO LA GRAMMATICA

I VERBI MODALI

1. Ascolta e completa. 

- ● Sto cercando lavoro, che cosa .... fare?
- ■ Per prima cosa .... iscriversi al Centro per l'Impiego, poi .... fare insieme il curriculum. Le .... anche dare i nomi di giornali, di siti web o di agenzie per il lavoro dove si .... trovare altri annunci.
- ● Sì, grazie.
- ■ Dunque, per fare il curriculum vitae, ... andare sul sito dell'Europass. Come occupazione desiderata, cioè il lavoro che .... fare, mettiamo servizi di assistenza e cura alla persona, va bene?
- ● Sì, però .... anche lavorare in una casa, fare le pulizie, cucinare... .... trovare presto un lavoro.

RICORDA!

DOPO **DOVERE**, **POTERE** E **VOLERE** C'È UN VERBO **ALL'INFINITO**:
- CHE COSA **DEVO FARE**?
- OGGI NON **POSSO ANDARE** A SCUOLA.

2. Completa le frasi con i verbi modali.

devi • posso • vuole

.... andare in bagno?

Marco, ... andare a studiare, domani hai l'esame!

Mia figlia Maryeme da grande .... fare l'insegnante.

3. Completa la tabella.

Fare esercizi di memorizzazione delle forme dei verbi modali attraverso giochi utilizzando le carte "persona" in Appendice.

DOVERE	POTERE	VOLERE
IO	IO	IO ....
TU DEVI	TU PUOI	TU VUOI
LUI/LEI	LUI/LEI	LUI/LEI ....
NOI	NOI	NOI VOGLIAMO
VOI DOVETE	VOI POTETE	VOI VOLETE
LORO DEVONO	LORO POSSONO	LORO VOGLIONO

ANDIAMO!

IN COPPIA **Scrivete 10 frasi o domande con i verbi modali, poi leggetele alla classe.**

IMPARIAMO A...

scrivere il curriculum vitae

1. Leggi la storia di Ahmed e sottolinea i lavori che ha fatto.

Ahmed ha 33 anni, è venuto in Italia dal Marocco per cercare lavoro e raggiungere suo papà. Parla perfettamente francese e arabo e abbastanza bene l'italiano. Si è diplomato al liceo scientifico di Rabat. Ha lavorato per due anni in Marocco come commesso part-time nel negozio di abbigliamento del padre. In Italia ha lavorato come barman e cameriere al ristorante "Da Michele" nel centro di Roma per sei mesi. Il suo contratto, purtroppo, è scaduto un mese fa, il 30 settembre. Il lavoro che vuole fare è il barman, ma è disposto anche a fare il commesso. Ahmed ha anche la patente ed è disponibile a spostamenti, però non ha la macchina.

Cognome MEDAGHRI
Nome AHMED
nato il 13/01/1983
a RABAT (MAROCCO)
Cittadinanza MAROCCHINA
Residenza ROMA
Via VIALE GIULIO CESARE 27
Stato civile CELIBE
Professione BARMAN
CONNOTATI E CONTRASSEGNI SALIENTI
Statura 1,75
Capelli NERI
Occhi NERI
Segni particolari NESSUNO

Firma del titolare
Ahmed Medaghri
ROMA *li* 12/05/2016

2. Ahmed va in un'agenzia interinale per cercare lavoro. Leggi il dialogo, poi completa il modulo per la ricerca di lavoro a pag. 77 con i dati di Ahmed.

- ● Buongiorno, sto cercando lavoro.
- ■ Buongiorno. Deve compilare questo modulo, con i Suoi dati anagrafici e l'esperienza professionale.
- ● Va bene.
- ■ Ecco a Lei.

I dati di Ahmed che mancano, per esempio il codice fiscale, vanno comunque spiegati ed eventualmente inventati con gli studenti.

UFFICIO PER L'IMPIEGO

Nome ....

Cognome ....

Data di nascita ....

Codice fiscale ....

Sesso ☐ Maschio ☐ Femmina

Stato di nascita ....

Comune di nascita ....

Provincia di nascita (solo se in Italia) ....

☐ In possesso di permesso di soggiorno per motivi di ....

Provincia di residenza ....

Comune di residenza ....

Indirizzo di residenza .... CAP ....

Telefono fisso .... Telefono cellulare ....

TITOLO DI STUDIO

☐ Licenza elementare ☐ Maturità ☐ Corsi di specializzazione ....

☐ Licenza media ☐ Laurea ☐ altro ....

Patente ☐ Sì ☐ No

Tipo di patente ☐ A ☐ B ☐ C ☐ D

Automunito ☐ Sì ☐ No

☐ Attualmente occupato

☐ Disoccupato dal ....

ESPERIENZE LAVORATIVE

LUOGO DI LAVORO	MANSIONE SVOLTA	PERIODO

ANDIAMO!

IN COPPIA A turno assumete il ruolo dell'impiegato del Centro per l'Impiego e completate il modulo con i dati del compagno facendo le domande opportune.

Fotocopiare lo stesso modulo dell'esercizio 2 e distribuirlo a tutti gli studenti.
Per ulteriori dialoghi si possono sfruttare le biografie presenti nell'Unità 5 a pag. 63.

3. Leggi il curriculum vitae in formato europeo di Samira in Appendice. Poi ascolta di nuovo la seconda parte del dialogo tra Samira e l'impiegata del Centro per l'Impiego e completa con i dati mancanti. Infine compila il tuo curriculum. ▸30

Fotocopiare e distribuire prima il CV già parzialmente compilato con i dati di Samira che servirà da modello e poi la versione completamente vuota per la compilazione personale.

UNITÀ
7 COME SEI?

L'ANGOLO DELLA PRONUNCIA

QUANDO FA FREDDO, ALI PORTA UN CAPPOTTO, UN CAPPELLO, UN MAGLIONE A COLLO ALTO, UNA GIACCA E SCARPE DA GINNASTICA.

PARLIAMO DI...

1. Scrivi i nomi delle stagioni in Italia al posto giusto.

autunno • estate • inverno • primavera

2. ....

4. ....

1. ....

3. ....

2. Scrivi i numeri al posto giusto. Poi, con un compagno, rispondi alle domande.

1. maglietta **2.** maglione **3.** jeans **4.** camicetta da donna **5.** giaccone

6. scarpe da ginnastica **7.** sandali **8.** stivali **9.** sciarpa **10.** felpa **11.** berretto

- Che cosa indossi in ciascun periodo dell'anno?
- Nomina almeno due capi di abbigliamento per stagione.

CAPIAMO

SAMIRA VA AL MERCATO DALLA SUA AMICA CATERINA CON ADAM E ALI PER COMPRARE VESTITI NUOVI

1. Rispondete alle domande.

- Andate al mercato?
- In che giorni c'è il mercato che frequentate?
- Che cosa comprate?

2.A Ascolta il dialogo. Poi rispondi e segna con una x l'immagine giusta.

- Che cosa comprano Ali e Samira?

2.B Ascolta di nuovo e segna con una x la risposta giusta.

1. Ali porta la taglia
   - M.
   - L.
2. Samira e Ali pagano i maglioni
   - 35 €.
   - 40 €.
3. I pantaloni di Ali sono taglia
   - 48.
   - 40.
4. La misura del giaccone di Adam è
   - tre anni.
   - sei anni.
5. In tutto Samira e Ali pagano
   - 84 €.
   - 104 €.

IMPARIAMO LE PAROLE

1. Scrivi i nomi dei capi di abbigliamento al posto giusto.

camicia • vestito da donna • scarpe con il tacco • gonna • calze • cravatta • cappello • occhiali da sole • abito da uomo • borsa

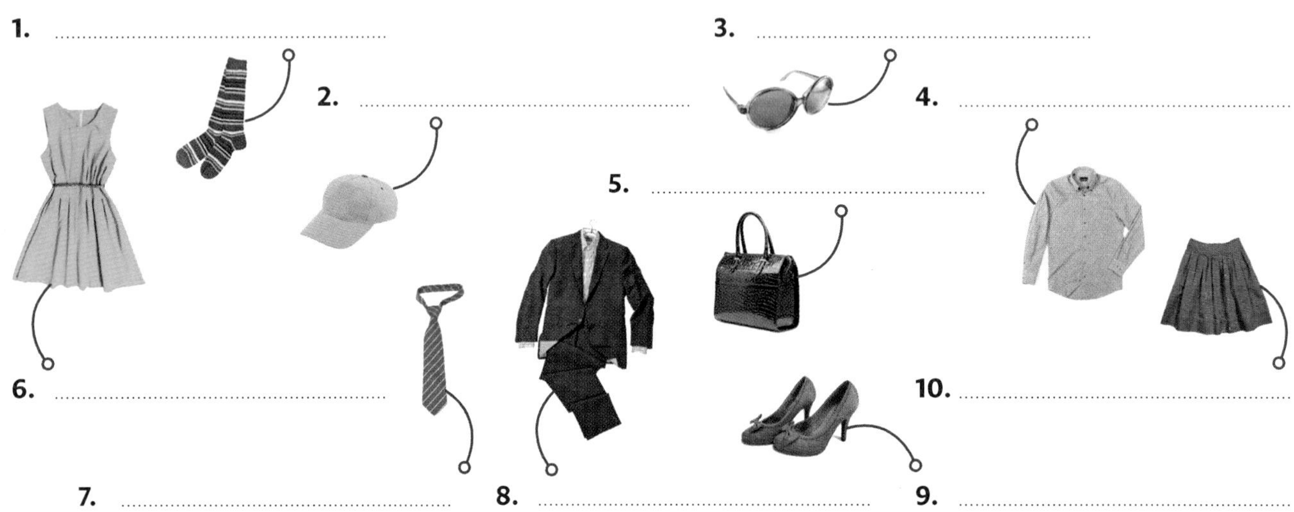

1. ....
2. ....
3. ....
4. ....
5. ....
6. ....
7. ....
8. ....
9. ....
10. ....

2. Leggi un'etichetta e segna con una x le informazioni presenti.

Mostrare l'etichetta di un capo di abbigliamento oppure fotocopiare quella in Appendice.

- Quanto costa.
- Di che materiale è fatto.
- Come si deve lavare.
- In che anno è stato prodotto.
- Dove è stato prodotto.
- Come si deve stirare.

3. Leggi le etichette e rispondi alle domande, come nell'esempio.

100% COTONE	100% LANA VERGINE	100% SETA
40°		30°

A. la maglietta **B.** il maglione **C.** la camicetta

Che cosa...
1. devo stirare con il ferro da stiro poco caldo? *il maglione*
2. posso stirare con il ferro da stiro molto caldo? ....
3. posso stirare con il ferro da stiro caldo ma non molto caldo? ....
4. posso asciugare in asciugatrice? ....
5. posso lavare in lavatrice a quaranta gradi? ....
6. posso lavare solo a mano? ....
7. non posso lavare con la candeggina? ....

COSA DICIAMO PER...

1. Ascolta e completa il dialogo.

1. Buongiorno, posso aiutarLa?
2. Sì, ... un maglione.
3. Come lo vuole?
4. ...., per favore.
5. Di che colore Le piace? .... quello blu o quello rosso?
6. .... quello blu.
7. E che taglia porta?
8. Porto la ....

2. IN COPPIA Ripetete il dialogo sostituendo le parole in grassetto con le combinazioni proposte. Attenzione alle concordanze!

1. Buongiorno, posso aiutarLa?
2. Sì, cerco **una maglietta**.
3. Come? A **maniche lunghe** o a **maniche corte**?
4. **A maniche lunghe**, per favore.
5. Di che colore Le piace? **Azzurra** o **rossa**?
6. Preferisco **rossa**.
7. E che taglia porta?
8. Porto la **44**.

A. un paio di pantaloni • a righe • in tinta unita • in tinta unita • blu • neri • neri • 48
B. una camicetta • di cotone • di seta • di seta • gialla • rossa • rossa • 42
C. una giacca • da uomo • da donna • da uomo • grigia • marrone • grigia • 50

ANDIAMO!

IN COPPIA Come ti vesti in Italia? E nel tuo Paese? Per ognuna di queste situazioni, descrivete come si vestono le persone.

Questo esercizio è importante sia perché permette di impiegare il lessico e le strutture trattate fino a qui nell'unità, sia perché propone un momento di riflessione interculturale sui diversi codici di abbigliamento presenti nel mondo. Il concetto di "elegante" naturalmente cambia molto nei diversi Paesi.

RICORDA!

QUANDO DESCRIVI L'ABBIGLIAMENTO, PUOI USARE IL VERBO **METTERE**.
PER ESEMPIO: **METTO** UN MAGLIONE ROSSO E UN PAIO DI JEANS.

Che cosa mettono gli italiani... Che cosa mettiamo nel mio Paese...

- per andare a scuola?
- per andare a un matrimonio?
- per andare a una festa?
- per andare a un colloquio di lavoro?

STUDIAMO LA GRAMMATICA

LA CONCORDANZA NOME-AGGETTIVO

1. Leggi e cerca di comprendere la regola con l'aiuto dell'insegnante.

NOMI	
SINGOLARE	**PLURALE**
CAPPELLO	CAPPELLI
GONNA	GONNE
MAGLIONE	MAGLIONI
LAVATRICE	LAVATRICI

AGGETTIVI	
SINGOLARE	**PLURALE**
BIANCO	BIANCHI
BIANCA	BIANCHE
VERDE	VERDI
VERDE	VERDI

RICORDA!

ALCUNE PAROLE CHE INDICANO I COLORI, COME **BLU**, **ROSA** E **VIOLA**, NON CAMBIANO MAI.

2. Leggi e completa.

Oggi al mercato ho comprato...

1. una gonn.......... ner.......... → due gonn.......... ner..........
2. un cappell.......... ross.......... → due cappell.......... ross..........
3. un maglion.......... verd.......... → due maglion.......... verd..........
4. un giaccon.......... marron.......... → due giaccon.......... marron..........
5. un cappott.......... blu → due cappott.......... ....
6. una maglietta blu → due magliett.......... ....

ANDIAMO!

1. **IN PICCOLI GRUPPI** **Pescate una carta e formate una frase, come nell'esempio.**

Formare gruppi di 5-6 studenti. A turno ogni studente di ciascun gruppo estrae una carta tra quelle in Appendice e dice una frase secondo il modello usando la parola scritta sulla carta, facendo attenzione alle concordanze. Prima di svoglere l'attività, spiegare le regole sull'uso di "c'è" e "ci sono".

Nell'armadio c'è un maglione giallo.

Nell'armadio ci sono due maglie blu.

2. **IN COPPIA** **Come sono i vostri vestiti? E quelli dei vostri compagni? Descrivete i vostri capi di abbigliamento e quelli dei vostri compagni.**

Il tuo giaccone è nero.

CAPIAMO

DESCRIVERE LE PERSONE

1.A Leggi la chat e scrivi i nomi al posto giusto.

GIORGIO: CIAO, SONO GIORGIO, SONO ITALIANO E HO 37 ANNI. SONO ALTO, MAGRO, HO I CAPELLI BIONDI E GLI OCCHI AZZURRI. MI PIACE VESTIRMI SPORTIVO E COMODO.

OLLAYA: BUONGIORNO, IO SONO OLLAYA E HO 25 ANNI. VENGO DAL MAROCCO E ABITO IN ITALIA DA CINQUE ANNI. HO GLI OCCHI CASTANI, I CAPELLI CASTANI E SONO BASSA. MI PIACE VESTIRMI IN JEANS E MAGLIETTA, INSOMMA, IN MODO PRATICO.

AMAR: CIAO! IO SONO AMAR E SONO INDIANO, HO 38 ANNI E ABITO IN ITALIA DAL 2010. SONO ALTO E ROBUSTO, HO I CAPELLI NERI E GLI OCCHI NERI. MI VESTO SEMPRE ELEGANTE, CON LA GIACCA E LA CAMICIA.

1. ....

2. ....

3. ....

1.B Guarda le foto e cerchia la parola giusta.

Lui è Sergey, è ucraino.
Sergey è **basso** / **alto** e **magro** / **grasso**,
ha i capelli **grigi** / **castani**
e gli piace vestirsi in modo **sportivo** / **elegante**.

Lei è Ana, è boliviana.
Ana è **robusta** / **magra** e ha i capelli **rossi** / **neri**
e **corti** / **lunghi**.

COSA DICIAMO PER...

1. Guarda le foto e scrivi le parole al posto giusto.

robusta • grasso • castani • azzurri • corti • la barba • biondi • magro • calvo • i baffi • castani

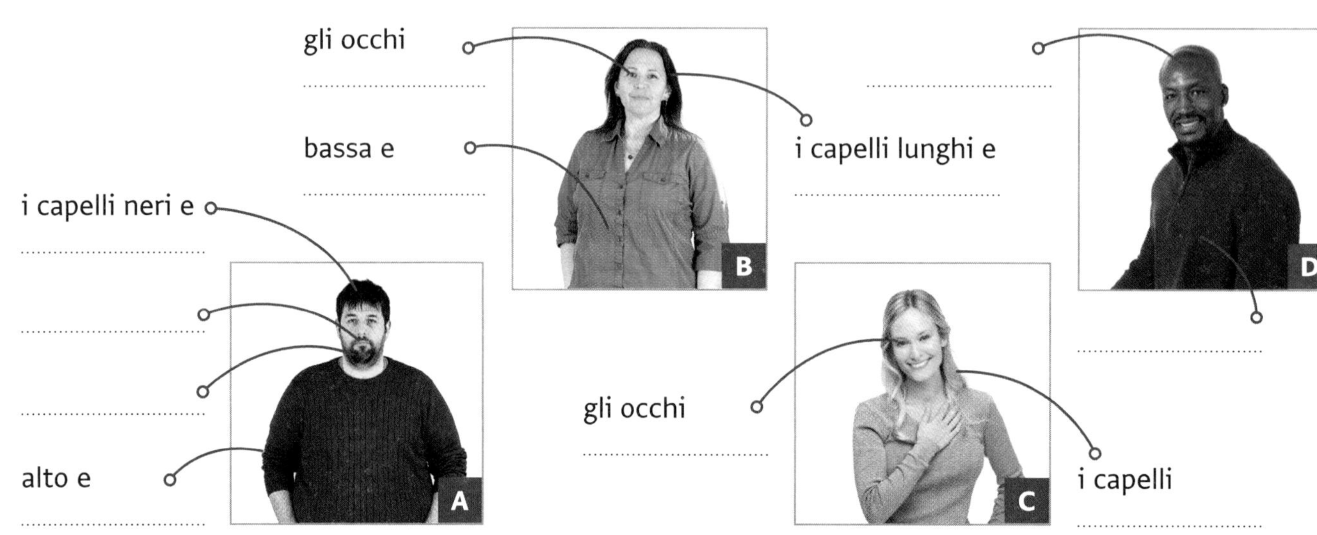

2.A Descrivete le persone dell'esercizio 1 usando *è* oppure *ha* con l'aiuto dell'insegnante.

Aspetto fisico: ***È** alto.*
Occhi: ***Ha** gli occhi castani.*
Capelli: ***Ha** i capelli neri.*

RICORDA!

IL VERBO **AVERE**

IO HO	LUI/LEI HA	VOI AVETE
TU HAI	NOI ABBIAMO	LORO HANNO

IL VERBO **ESSERE**

IO SONO	LUI/LEI È	VOI SIETE
TU SEI	NOI SIAMO	LORO SONO

2.B Scrivi le frasi dell'esercizio 2A con altre persone del verbo *avere* o *essere*.

***Io ho** i capelli neri.*
***Loro sono** alti.*

ANDIAMO!

IN COPPIA Indovinate chi è? Seguite le istruzioni dell'insegnante.

In Appendice trovate un tabellone con 8 persone. Fotocopiare il tabellone e ritagliare le carte da consegnare agli studenti. Ciascuna coppia ha un set di carte e usa il tabellone sul libro. Un giocatore estrae a turno una carta senza mostrarla al compagno. Il compagno deve indovinare chi è la persona rappresentata sulla carta facendo domande sia sull'aspetto fisico che sull'abbigliamento.

IMPARIAMO A...

parlare di come stiamo e del nostro carattere

1. Ascoltate e dite come stanno le persone. Poi scrivete la frase giusta per ogni persona.

▸ 37

Ripetere l'ascolto almeno 2 volte. Dopo il primo ascolto gli studenti in gruppo fanno ipotesi sugli stati d'animo delle persone. Dopo il secondo ascolto scrivono le frasi del pool al posto giusto. Se durante la fase precedente fossero emerse altre strutture comunque corrette, per esempio "sono felice" dove è previsto l'inserimento di "sono contento", scrivere anche quelle alla lavagna.

RICORDA!

Quando ti chiedono: «Come stai?», puoi rispondere: «Bene, grazie / Così così / Non tanto bene» e spiegare perché, per esempio:

● Come stai?
■ Bene, grazie, sono contento perché ho appena trovato un nuovo lavoro!

ho caldo • ho fame • ho paura • sono contento • ho sete • sono triste • ho freddo • sono arrabbiato

1. ....
2. ....
3. ....
4. ....
5. ....
6. ....
7. ....
8. ....

ANDIAMO!

Girate per la classe e intervistate i vostri compagni di classe, come nell'esempio.

● Come stai?
■ Bene, grazie! / Così così. / Non tanto bene. / Sono/ho... perché... e tu?
● Io bene. / Così così. / Non tanto bene. / Sono/ho... perché...

2. **Leggi l'e-mail e sottolinea le parole che Samira usa per descrivere il carattere dei suoi nuovi amici, come nell'esempio.**

Cara Fadumo,
ieri ho incontrato due persone nuove alla scuola di italiano, si chiamano Marie e Lucas. Marie viene dal Burkina Faso, è molto simpatica e aperta.
È una chiacchierona e le piace molto parlare del suo Paese.
Lucas invece è boliviano e ha un carattere diverso da quello di Marie. Lui è simpatico come lei, ma timido e chiuso. È anche molto testardo: trova sempre il modo per avere quello che vuole.
Lucas e Marie sono molto gentili e mi hanno invitata al cinema domenica. Io ho detto che ci vado!
Un abbraccio
Samira

3. **Scrivi altre parole per descrivere il carattere di una persona con l'aiuto dell'insegnante.**

Dedicare il tempo necessario all'esercizio, in modo che tutti scrivano e abbiano chiari i significati delle parole che emergono dalla produzione.

....
....
....
....
....
....

ANDIAMO!

IN COPPIA **Completa la tabella con 4 aggettivi per descrivere il tuo carattere e quello di 2 persone che conosci. Poi descrivi il tuo carattere e quello delle altre 2 persone al tuo compagno.**

Io sono socievole, mio fratello è timido.

IO	....	....
....	....	....
....	....	....
....	....	....
....	....	....

UNITÀ 8

SAMIRA VA DAL DOTTORE

L'ANGOLO DELLA PRONUNCIA

METTI LA SCIARPA! PRENDI LO SCIROPPO!
CAMBIA LE SCARPE! MASSAGGIA LA SCHIENA!
NON ANDARE A SCUOLA!

PARLIAMO DI...

1. Guardate le foto e rispondete alle domande.

- Come stanno queste persone? Che cosa hanno?
- Voi come state oggi?
- Quando vi siete ammalati l'ultima volta? Che cosa avete avuto?

Pablo

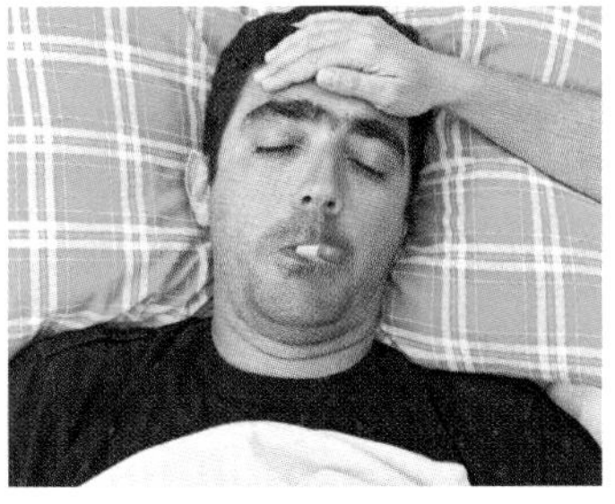

1. ....

Francis

2. ....

Marjam

3. ....

Kim

4. ....

Samira

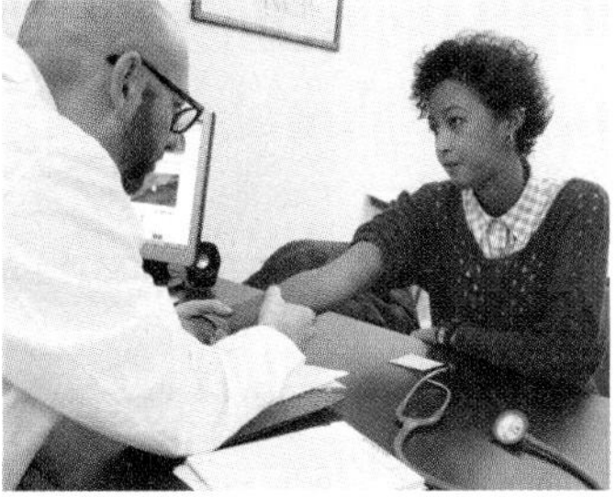

5. ....

Salif

6. ....

2.A Guarda di nuovo le foto dell'esercizio 1 e scrivi le parole al posto giusto.

mal di stomaco • tosse • raffreddore • macchie sulla pelle • febbre • mal di gola

2.B Guarda ancora le foto dell'esercizio 1. Poi leggi e completa le frasi.

1. Francis oggi non sta bene. Ha la ....
2. Samira ha delle .... Da una settimana si gratta il braccio perché le prude molto.
3. Kim è uscita con i capelli bagnati e ora ha ....
4. Salif ha sempre ...., deve fare degli esami in ospedale per capire il perché.
5. Marjam ieri ha preso freddo e oggi ha un forte ....
6. Pablo è malato. Ha la ....: 39 e mezzo! Deve andare dal dottore.

3. Scrivete le parole al posto giusto. Poi dite che cosa serve o che cosa non serve alle persone dell'esercizio 1.

collirio • termometro • pomata • sciroppo • compresse • supposte • cerotto

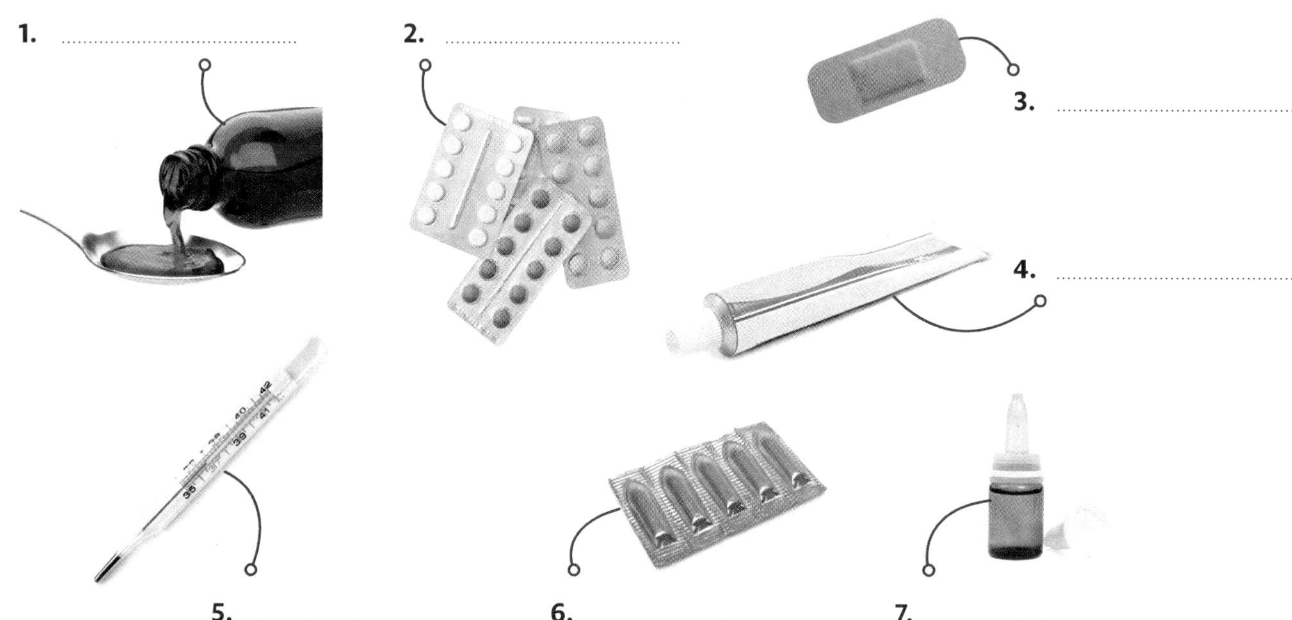

1. ....
2. ....
3. ....
4. ....
5. ....
6. ....
7. ....

4. Rispondete alle domande con l'aiuto dell'insegnante.

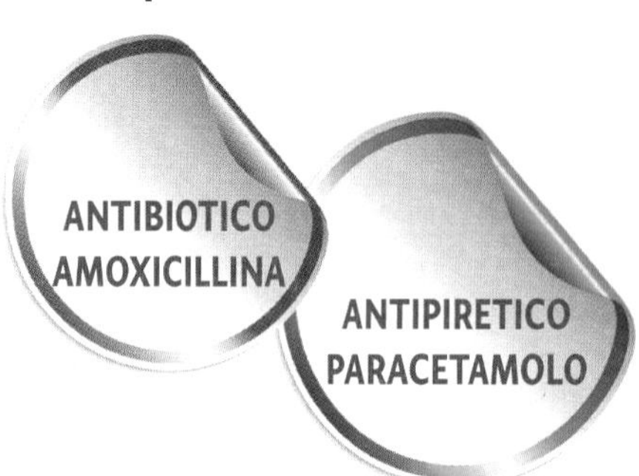

- Avete mai preso queste medicine?
- Sapete a che cosa servono?
- Quali altri nomi di medicine conoscete?
- Nel vostro Paese che cosa fate se avete mal di stomaco?
- E se avete la febbre?
- Ci sono differenze nel modo di curare le malattie rispetto all'Italia?

SAMIRA VA DAL DOTTORE PERCHÉ HA IL MAL DI GOLA E LA TOSSE

1. Rispondete alle domande.

- Siete mai andati dal medico in Italia? • Perché? • Che cosa vi ha detto di fare?

2. Guardate/ascoltate il dialogo e rispondete alle domande.

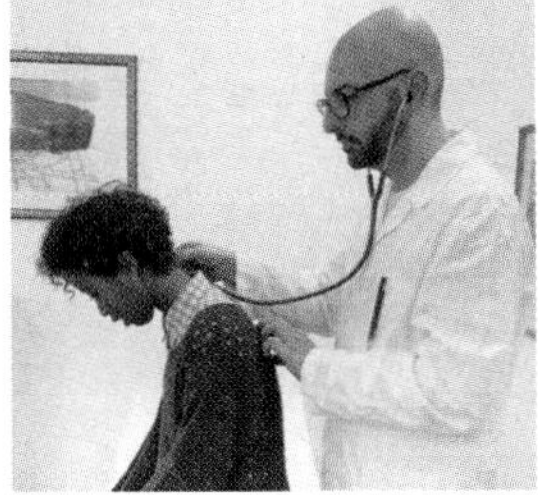

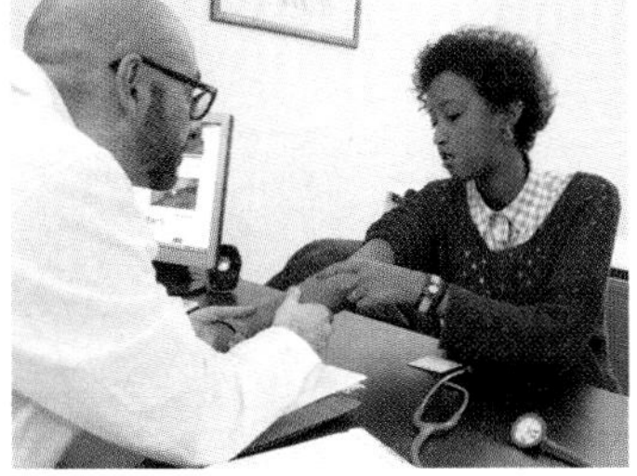

- Dov'è Samira? • Perché? • Che cosa ha Samira?

3.A Guarda/ascolta di nuovo e segna con una x le medicine che il dottore dice di prendere a Samira.

- COLLIRIO
- ANTIBIOTICO
- POMATA
- GOCCE
- PARACETAMOLO
- SCIROPPO
- SUPPOSTE

3.B Guarda/ascolta ancora e indica sì o no. ▶9 ▶38

1.	Samira ha l'influenza.	SÌ	NO
2.	Samira ha la gola arrossata.	SÌ	NO
3.	Samira ha mal di schiena.	SÌ	NO
4.	Con la ricetta Samira paga in farmacia solo 2 € per l'antibiotico.	SÌ	NO
5.	Samira deve prendere l'antibiotico per tre giorni.	SÌ	NO
6.	Samira deve prendere lo sciroppo prima di mangiare.	SÌ	NO
7.	Samira deve andare dal dermatologo per il problema delle macchie sulla pelle.	SÌ	NO

4. Guardate le foto e rispondete alle domande con l'aiuto dell'insegnante.

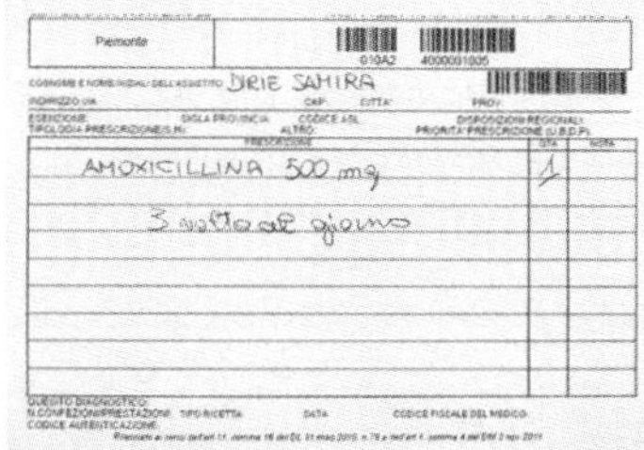

Piemonte

DRIE SAMIRA

AMOXICILLINA 500 mg

3 volte al giorno

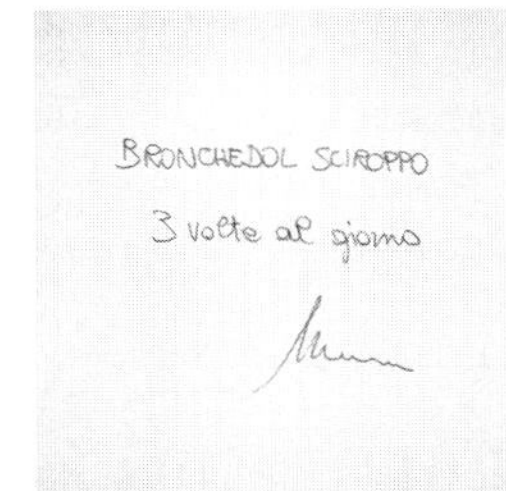

BRONCHEDOL SCIROPPO

3 volte al giorno

- Che cosa sono?
- A che cosa servono?

IMPARIAMO LE PAROLE

1. Guardate l'immagine e dite i nomi delle parti del corpo che conoscete. Poi scrivete le parole al posto giusto.

il piede • la testa • la bocca • il gomito • il dito • la mano • il naso • il braccio • la caviglia • la schiena • i denti • la pancia • il collo • il sedere • il ginocchio • il polso • gli occhi • la spalla • la gamba • la gola • le orecchie

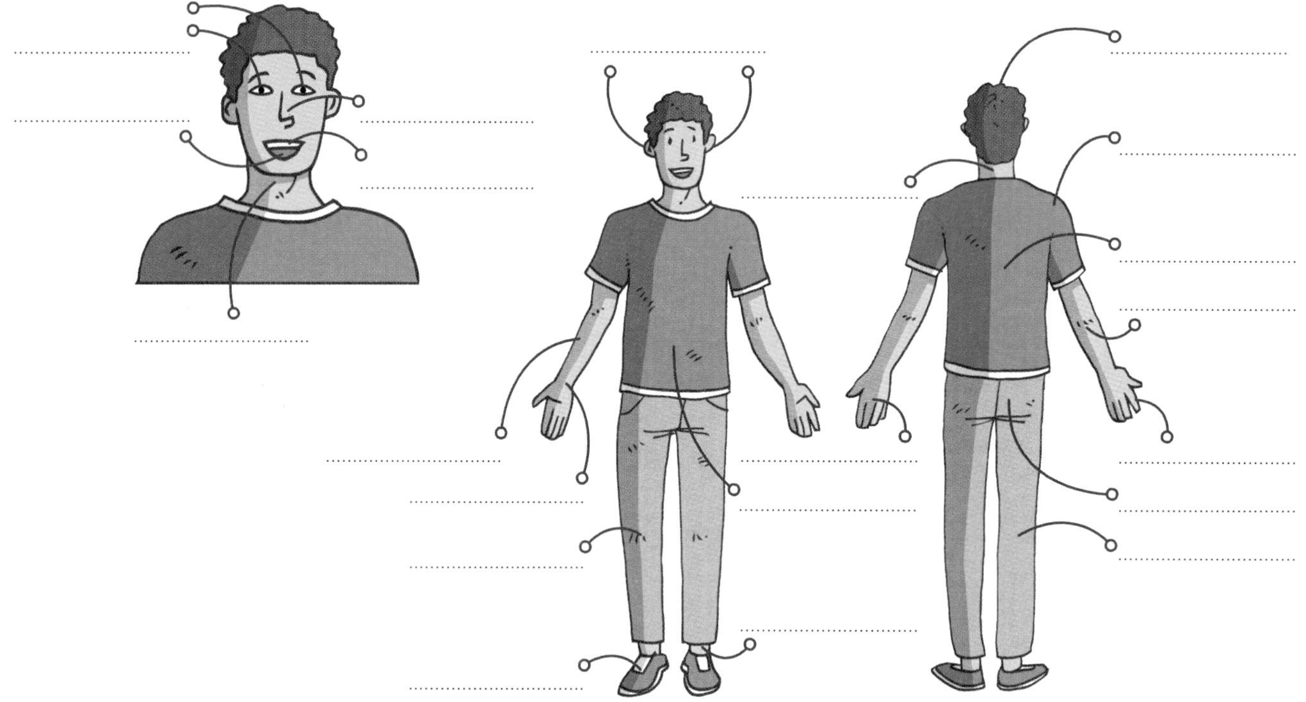

2. Dite i nomi delle parti del corpo che mostra l'insegnante.

Indicare alcune parti del corpo; gli studenti devono dire il nome giusto.

ANDIAMO!

A SQUADRE Uno studente mima un'azione, le squadre devono indovinare il verbo corretto e le parti del corpo coinvolte nell'azione.

Suggerire eventualmente azioni come mangiare, camminare, dormire, cantare, leggere, parlare, scrivere, baciare, giocare a calcio, pulire la casa, suonare la chitarra ecc. Partecipare al gioco mimando qualche azione.

COSA DICIAMO PER...

1. Scrivi le frasi al posto giusto.

Da tre giorni. • Non bene, ho la febbre. • ~~Buongiorno, come sta?~~ • Da quanti giorni? • ~~38 e mezzo.~~ • Quanta febbre ha?

1. Buongiorno, come sta?
2. ....
3. ....
4. 38 e mezzo.
5. ....
6. ....

Da un mese. • ~~Buongiorno dottore, ho sempre mal di testa.~~ • Arrivederci. Torni fra una settimana. • Grazie dottore. Arrivederci. • Da quanto tempo? • Deve prendere queste compresse in farmacia.

1. Buongiorno dottore, ho sempre mal di testa.
2. ....
3. ....
4. ....
5. ....
6. ....

2. Completa la tabella con le parole, con o senza articolo.

i denti • la testa • i piedi • la pancia • la gola • le gambe • lo stomaco • la schiena

Verificare che gli studenti capiscano che nella colonna "Ho mal di" i nomi vanno scritti senza articolo.

MI FA MALE	MI FANNO MALE	HO MAL DI

RICORDA!

HO MAL DI GOLA. = **MI FA MALE** LA GOLA. (SINGOLARE)

HO MAL DI DENTI. = **MI FANNO MALE** I DENTI. (PLURALE)

ANDIAMO!

1. IN COPPIA Tocca una parte del tuo corpo e di' al tuo compagno che ti fa male.

2. IN COPPIA Pescate una carta con una parte del corpo, poi a turno fate il medico e il paziente.

STUDIAMO LA GRAMMATICA

GLI ARTICOLI DETERMINATIVI E ALCUNI PLURALI IRREGOLARI

1. Guarda gli esempi, poi scrivi gli articoli corretti.

il gomit**o** → **i** gomit**i** **il** pied**e** → **i** pied**i** **la** gamb**a** → **le** gamb**e** **l'**occhi**o** → **gli** occh**i**

1. .... bocca
2. .... naso
3. .... testa
4. .... dente
5. .... denti
6. .... schiena
7. .... polso
8. .... polsi

2. Completa con l'aiuto dell'insegnante.

1. la mano → .... man.......
2. l'orecchio → .... orecch.......
3. il ginocchio → .... ginocch.......
4. il braccio → .... bracc.......
5. il dito → .... dit.......
6. il labbro → .... labbr.......

L'IMPERATIVO

3. Abbina le frasi.

1. Ho mal di testa!
2. Mi fanno male i denti!
3. Ho mal di pancia!

A. Non mangiare le patatine fritte!
B. Prenda queste pastiglie!
C. Vai dal dentista!

4. Guarda gli esempi e completa le frasi con *vai* o *vada*.

1. ● Buongiorno, mi scusi, cerco lo studio del dottore. È qui?
■ Sì, ... in fondo al corridoio, è l'ultima porta a destra.
2. Marco, ... a prendere queste medicine in farmacia.
3. ● Buongiorno dottore, ho un forte mal di gola e la febbre.
■ .... in farmacia a prendere l'antibiotico.

5. Completa la tabella con l'aiuto dell'insegnante.

	MANGIARE		PRENDERE		DORMIRE		ANDARE	
	Mangi.......!	Non ....!	Prend.......!	Non prendere!	Dormi!	Non dorm.........!	....................!	Non ....!
	Mang.......!	Non mang.........!	Prend.......!	Non prenda!	Dorm.........!	Non ....!	....................!	Non ....!

CAPIAMO

SAMIRA VA IN FARMACIA PER COMPRARE LE MEDICINE

1. Guardate la foto e rispondete alle domande.

- Dove va Samira? • Perché?
- Ricordate che cosa deve comprare?

2. Ascolta il dialogo e segna con una x la risposta giusta.

1. Samira compra
   - una pomata per la pelle.
   - l'antibiotico e lo sciroppo.
   - lo sciroppo e i cerotti.
2. Samira chiede
   - quanto costano le medicine.
   - una medicina per il mal di stomaco.
   - quando deve prendere l'antibiotico.
3. Samira deve prendere
   - tre pastiglie al giorno.
   - cinque pastiglie al giorno.
   - otto pastiglie al giorno.

3. Trova nel foglio illustrativo le risposte alle seguenti domande. Poi abbina le domande (1-4) e i titoli (A-D).

1. Quante pastiglie al giorno devi prendere?
2. Per chi non va bene questa medicina?
3. A che cosa serve questa medicina?
4. Dove devi tenere la medicina in casa?

È importante non spiegare ogni parola del foglietto illustrativo agli studenti, ma aiutarli a individuare le parole chiave che possono essere utili per capire le informazioni essenziali per un corretto uso del farmaco.

INDICAZIONI

☐ **A L'amoxicillina è un antibiotico indicato per il trattamento di un ampio spettro di infezioni batteriche.**

L'amoxicillina è indicata nel trattamento delle infezioni batteriche sostenute da patogeni sensibili:

- infezioni delle vie respiratorie (faringite, tonsillite, sinusite, otite media, bronchite acuta e cronica, tracheobronchite, broncopolmonite, polmonite, bronchiectasia, ascesso polmonare). Nel trattamento dell'otite media acuta (OMA), l'amoxicillina è farmaco di scelta sia da sola sia combinata con acido clavulanico;
- infezioni otorinolaringoiatriche e stomatologiche;
- infezioni delle vie urogenitali (cistite, uretrite, pielonefrite, gonorrea);
- infezioni di pelle e tessuti molli;
- infezioni gastrointestinali, incluse quelle biliari, salmonellosi;
- infezioni della milza;
- setticemie;
- peritoniti;
- endocarditi;
- meningite da Listeria;
- actinomicosi;
- febbre tifoidea e paratifoidea;
- sepsi postoperatoria.

☐ **B Qual è la posologia di Amoxicillina?**

Il dosaggio dell'amoxicillina varia a seconda del tipo di infezione batterica, dell'età del paziente e della funzionalità renale.

Compresse per via orale.

Adulti, bambini (peso >/= 40 kg): 500 mg ogni 8 ore (1500 mg/die) oppure 1 g ogni 12 ore (2 g/die) di amoxicillina.

Bambini (fino a 10 anni): 125-250 mg ogni 8 ore di amoxicillina.

Bambini (meno di 20 kg di peso): 20-40 mg/kg/die di amoxicillina.

☐ **C Conservazione**

A temperatura ambiente, in un luogo fresco e asciutto e al riparo della luce. Non utilizzare il farmaco se l'etichetta indica che è scaduto.

Tenere in luogo non accessibile ai bambini.

Conservare nella confezione originale insieme al foglietto illustrativo.

Conservare le sospensioni in frigorifero.

Non congelare.

☐ **D Controindicazioni**

L'uso di amoxicillina è controindicato in caso di:
1) ipersensibilità alle penicilline e alle cefalosporine;
2) pazienti con infezioni sostenute da patogeni produttori di betalattamasi (questa controindicazione è valida quando l'amoxicillina non è associata ad acido clavulanico);
3) pazienti con anamnesi positiva per allergia (pazienti con rischio noto per allergia);
4) pazienti affetti da mononucleosi, infezioni virali, leucemia linfatica (rischio elevato di rash cutanei).

da www.pharmamedix.com e www.informazionisuifarmaci.it

4. Cerca e sottolinea nel foglio illustrativo le parole che conosci. Poi parla con la classe.

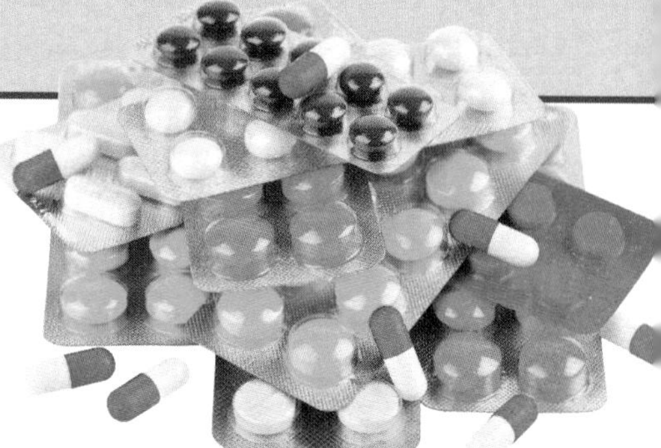

IMPARIAMO LE PAROLE

1. Scrivi le parole vicino al loro significato.

indicazioni terapeutiche • posologia / dosaggio • controindicazioni • composizione • scadenza • conservazione

Portare eventualmente in classe scatole e foglietti illustrativi di vari medicinali e provare a fare cercare agli studenti le varie informazioni apprese fino a qui.

1. Data sulla scatola che dice quando il farmaco è troppo vecchio e va buttato. ....
2. Quante volte al giorno devo prendere la medicina e la quantità. ....
3. Dove e come devo conservare la medicina. ....
4. Da che cosa è composta la medicina. ....
5. A che cosa serve, quali malattie cura la medicina. ....
6. Quando è pericoloso prendere questa medicina. ....

2. Scrivi le parole al posto giusto.

alle 20 • alle 8, alle 16 e alle 24 • mattina e sera • prima di andare a dormire • a colazione, a pranzo e a cena • appena suona la sveglia • sempre dopo i pasti • ogni otto ore • ogni dodici ore

UNA VOLTA AL GIORNO	DUE VOLTE AL GIORNO	TRE VOLTE AL GIORNO

3. Che cosa significano le parole in grassetto? Rispondete con l'aiuto dell'insegnante.

1. Bengol sciroppo, 200 ml. Un cucchiaio tre volte al giorno **a stomaco vuoto**.
2. Paracetamolo supposte, 500 mg. Una supposta ogni otto ore **lontano dai pasti**.
3. Zitrin antinfiammatorio, 1000 mg. Tre compresse al giorno, una ogni otto ore, **a stomaco pieno**.
4. Zertax analgesico, 250 mg. Una o due compresse al bisogno **dopo i pasti**.
5. Fluimul sciroppo, 500 ml. Un cucchiaio al giorno **prima dei pasti**.

ANDIAMO!

IN COPPIA Pescate una carta con un sintomo e andate in farmacia. A turno fate il cliente che chiede informazioni e il farmacista che dice quale medicina prendere.

STUDIAMO LA GRAMMATICA

I VERBI RIFLESSIVI

1. Leggi il dialogo e osserva le parole in grassetto. Poi completa la tabella con l'aiuto dell'insegnante.

■ Le prude la pelle? **Si** gratta?
● Sì, mi prude molto. **Mi** gratto soprattutto la sera.

RICORDA!

GRATTARSI È UN VERBO RIFLESSIVO, COME **CHIAMARSI**, **LAVARSI**, **METTERSI**.

	LAVARSI	METTERSI	VESTIRSI
IO	.... LAV-**O**	.... METT-........	.... VEST-........
TU	TI LAV-**I**	.... METT-........	.... VEST-........
LUI/LEI	.... LAV-**A**	.... METT-**E**	.... VEST-........
NOI	CI LAV-**IAMO**	.... METT-........	.... VEST-........
VOI	VI LAV-**ATE**	.... METT-**ETE**	.... VEST-**ITE**
LORO	SI LAV-**ANO**	.... METT-**ONO**	.... VEST-........

2.A Cerchia il verbo corretto.

1. La mattina io **mi sveglio** / **si sveglia** alle 8.
2. Quando fa freddo, Samira **mi metto** / **si mette** sempre la sciarpa e il cappello.
3. Tu a che ora **ti alzi** / **ci alziamo** la mattina?
4. Noi **ci vestiamo** / **si vestono** eleganti per andare in chiesa.

2.B Completa le frasi.

1. Sarah è pigra. La mattina (lei, alzarsi) .... sempre tardi.
2. Ho molto freddo e adesso (io, provarsi) .... la febbre.
3. Perché non (voi, mettersi) .... la tuta e andiamo a correre?

ANDIAMO!

IN COPPIA **Racconta al tuo compagno che cosa fai al mattino usando questi verbi riflessivi:** ***svegliarsi, alzarsi, pettinarsi, lavarsi, vestirsi, truccarsi / farsi la barba.***

FONETICA

Ascolta e ripeti. Poi scrivi le parole al posto giusto.

scapola • pe**sce** • **schi**uma • **sca**rpa • **sci**arpa • **scu**ola • a**sci**ugamano • a**sce**nsore • **scu**sa • a**sce**lla • **scio**pero

[sk] come *schiena* ....

[ʃ] come *sciroppo* ....

IMPARIAMO A...

conoscere l'ospedale

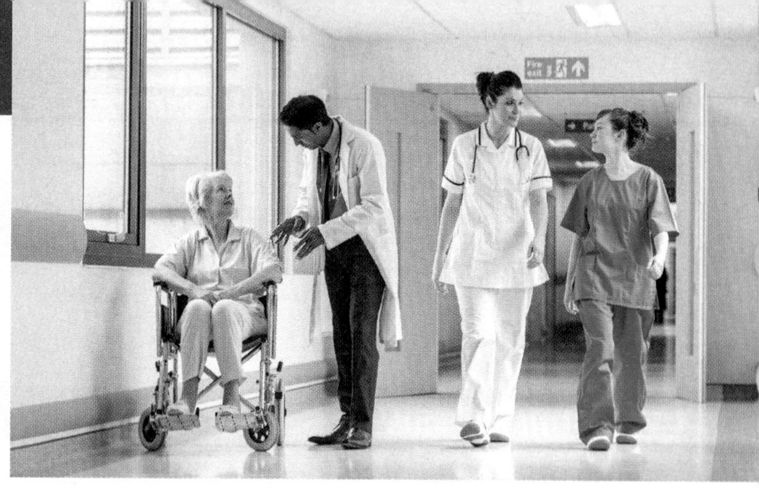

1. Leggi il dialogo tra Samira e il dottore e segna con una x la risposta giusta.

1. Qui sul braccio ho delle macchie.
2. Sì, mi faccia vedere. Da quanto tempo le ha?
3. Due settimane.
4. Le prude? Si gratta? Ti gratti?
5. Sì, soprattutto la sera.
6. Allora forse potrebbe essere un'allergia. Comunque è meglio sentire un dermatologo.

Il dermatologo è il dottore che cura
- i problemi di stomaco.
- i problemi della pelle.
- i problemi delle braccia.

2. Abbina con l'aiuto dell'insegnante.

1. L'oculista
2. Il dentista
3. Il pediatra
4. Il cardiologo
5. L'ortopedico
6. L'otorino
7. Il ginecologo

A. cura i bambini.
B. cura i problemi delle ossa.
C. cura le donne durante la gravidanza.
D. cura i problemi alle orecchie.
E. cura i problemi agli occhi.
F. cura i problemi al cuore.
G. cura i problemi ai denti.

3. IN COPPIA Leggete le frasi a pag. 97 in alto e scrivete il numero al posto giusto nell'immagine qui sotto.

Aiutare a chiarire tutte le parole nuove e, se possibile, portare in classe la mappa dell'ospedale della città in cui ci si trova e illustrarla.

← CUP ☐	↑ CENTRO PRELIEVI ☐	OCULISTICA → ☐
← PEDIATRIA ☐	↑ GINECOLOGIA E OSTETRICIA ☐	RADIOLOGIA → ☐
← CARDIOLOGIA ☐	↑ DERMATOLOGIA ☐	PRONTO SOCCORSO → ☐

1. Aziza, l'amica di Samira, è incinta, cioè aspetta un bambino.
2. Adam, il figlio di Samira, è molto ammalato.
3. Ali ha un problema al cuore.
4. Ali è caduto dalla bicicletta e perde sangue dalla testa.
5. Samira deve fare gli esami del sangue.
6. Ali deve prenotare un elettrocardiogramma.
7. Ali deve fare una radiografia.
8. Samira ha un problema alla pelle.
9. Ali ha male agli occhi.

4. Conoscete questi simboli? Che cosa rappresentano? Scrivete le parole al posto giusto. Poi rispondete alle domande con l'aiuto dell'insegnante.

numero unico per le emergenze • pronto soccorso • farmacia •
servizio di continuità assistenziale (ex guardia medica) • ospedale

1. ....
2. ....
3. ....
4. ....
5. ....

- A che cosa servono questi servizi? • Come funzionano?
- Quando vi possono servire?

5. Scrivi il numero delle foto dell'esercizio 4 al posto giusto.

A. ☐ Ho la febbre alta ma è domenica e il mio dottore non c'è.
B. ☐ Devo comprare le medicine.
C. ☐ C'è bisogno di un'ambulanza.
D. ☐ Devo fare una visita specialistica.
E. ☐ Ho avuto un incidente e il mio amico mi porta in ospedale con la macchina.

ANDIAMO!

IN COPPIA Pescate una carta con una situazione di emergenza. A turno chiamate il 112 e parlate con l'operatore al telefono.

Fare pescare una carta con una situazione di emergenza o lasciarla inventare allo studente. Il compagno prende la carta con le domande dell'operatore. Fare simulare i dialoghi.

UNITÀ 9

ALI VA IN FRANCIA A TROVARE UN AMICO

L'ANGOLO DELLA PRONUNCIA

PARTO PER UN VIAGGIO. DESTINAZIONE: RUSSIA, SPAGNA O ZANZIBAR? BRASILE, COSTA RICA O TANZANIA? SOMALIA, MADAGASCAR O FORSE SENEGAL. OPPURE SVIZZERA! CHISSÀ!

PARLIAMO DI...

1. Scrivi i Paesi dove sei stato. Poi mostrali alla classe su una mappa.

Fotocopiare per tutti il planisfero in Appendice oppure usare una mappa presente in classe.

AFRICA	AMERICA	ASIA	EUROPA	OCEANIA

2. Rispondete alle domande.

- Qual è l'ultimo viaggio che avete fatto?
- Quale bagaglio usate quando viaggiate? Che cosa mettete in valigia?

3. Scrivi le parole al posto giusto.

biglietto aereo • portafoglio • carta di credito • passaporto • trolley • cartina geografica • macchina fotografica • valigia

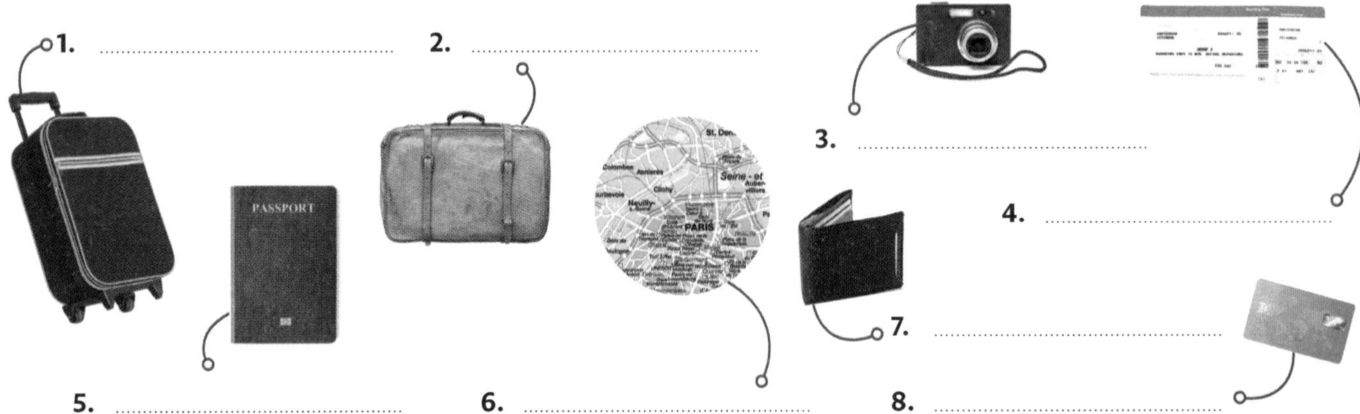

CAPIAMO

ALI PARLA CON IL SUO AMICO HASSAN CHE VIVE IN FRANCIA DA QUATTRO ANNI

1. Guardate le immagini e rispondete alle domande.

- In quale città abita Hassan?
- Che cosa usa Ali per chiamare Hassan?
- E voi avete amici o parenti che vivono in altri Paesi dell'Europa?
- Che cosa usate per telefonare fuori dall'Italia?
- Avete il computer a casa?

2. Ascolta il dialogo e segna con una x le parole che senti. ▸ 41

AFRICA	EUROPA	LUNEDÌ	ITALIA	TRENO	LAVORO
OPERAIO	AIUTO-CUOCO	BAR	SCUOLA	DOMENICA	
INGHILTERRA	STADIO	CINEMA	VOLO	ROMA	AMICO

3.A Ascolta di nuovo il dialogo e indica sì o no. ▸ 41

1. Ali è disoccupato. SÌ NO ....
2. Ali vuole lavorare in Francia. SÌ NO ....
3. Hassan lavora a Parigi. SÌ NO ....
4. Hassan fa il lavapiatti in un ristorante. SÌ NO ....
5. Hassan invita Ali a casa sua a Parigi. SÌ NO ....
6. Ali vuole andare da Hassan in treno. SÌ NO ....
7. Hassan consiglia ad Ali di cercare dei voli economici per Parigi. SÌ NO ....

3.B Ascolta ancora il dialogo e scrivi la risposta corretta dove hai indicato "no" nell'esercizio 3A.

IMPARIAMO LE PAROLE

1. Cerchiate queste parole nelle immagini e dite il loro significato con l'aiuto dell'insegnante.

lun • itinerario • a • tratta • h • compagnia • mar • solo andata • mer • last minute • a partire da • andata e ritorno • ven • offerta • gio • sab

BIGLIETTO 1

Compagnia: Flyanair
Tratta: Torino (Caselle) - Parigi (Beauvais)
Parigi (Beauvais) - Torino (Caselle)
Costo: 156 € A/R

ANDATA	da: Torino (Caselle) ven 27 mag 21:00	a: Parigi (Beauvais) ven 27 mag 22:25	1 h 25 min
RITORNO	da: Parigi (Beauvais) lun 30 mag 22:10	a: Torino (Caselle) lun 30 mag 23:40	1 h 30 min

BIGLIETTO 3

Compagnia: FlyEurope
Itinerario: Torino (Caselle) - Parigi (Orly)
Parigi (Orly) - Torino (Caselle)
Costo: 119 € andata e ritorno • Offerta last minute!!!
3 posti rimasti

ANDATA	**da:** Torino (Caselle) sab 28 mag 08:07	**a:** Parigi (Orly) sab 28 mag 9:56	1 h 49 min
RITORNO	**da:** Parigi (Orly) mar 31 mag 15:11	**a:** Torino (Caselle) mar 31 mag 17:02	1 h 51 min

BIGLIETTO 2

Compagnia: VolainEuropa
Tratta: Torino (Caselle) - Parigi (Orly)
Costo: 70 € solo andata

ANDATA	**da:** Torino (Caselle) gio 26 mag 16:00	**a:** Parigi (Orly) gio 26 mag 17:31	1 h 31 min

BIGLIETTO 4

Compagnia: Flyanair
Itinerario: Torino (Caselle) - Parigi (Beauvais)
Costo: a partire da **34 €**

ANDATA	**da:** Torino (Caselle) mer 25 mag 20.00	**a:** Parigi (Beauvais) mer 25 mag 21:45	1 h 45 min

2.A Abbina con l'aiuto dell'insegnante.

1. A/R
2. mar
3. gio
4. h
5. sab
6. €
7. mer
8. ticket
9. ven

A. biglietto
B. ora
C. mercoledì
D. sabato
E. andata e ritorno
F. venerdì
G. martedì
H. euro
I. giovedì

2.B Completa le frasi.

sola andata • tratta • andata e ritorno • a partire da • compagnia • offerta • last minute

1. Devo andare a Parigi domenica e tornare a Torino giovedì, mi serve un biglietto ....
2. Oggi sono felice perché ho comprato il biglietto per andare nel mio Paese. Parto tra un mese e volo con la .... AirAsian.
3. Domani parto per il Senegal, ma non so quando torno, ho comprato un biglietto di ....
4. Andare in Marocco a Natale è carissimo! Il volo più economico per la .... Torino-Casablanca costa 190 €!
5. I voli .... sono sempre molto economici, perché si prenota il volo pochissimi giorni prima della partenza.
6. Sul sito della compagnia Myanair ci sono voli per l'Europa .... 250 €.
7. Tra una settimana parto per Cochabamba, ho trovato un'... molto vantaggiosa.

3. Dopo avere verificato la soluzione dell'esercizio 2B con l'aiuto dell'insegnante, dite altre frasi con le parole di quell'esercizio.

Gli studenti pre A1 che non sono riusciti a completare l'esercizio 2B per iscritto possono provare comunque a utilizzare le parole proposte.

ANDIAMO!

IN COPPIA **Organizzate un viaggio a Parigi: pescate una carta e scegliete il volo dell'esercizio 1 più adatto alla vostra situazione.**

Fotocopiare queste carte.

SITUAZIONE 1:
Vuoi andare a Parigi, puoi spendere al massimo 50 €. Per tornare in Italia, hai trovato un passaggio in macchina con un amico.

SITUAZIONE 2:
È giovedì 26 maggio, vuoi partire per Parigi, ma martedì 31 maggio devi essere a Torino perché hai un impegno importante.

SITUAZIONE 3:
Tua sorella abita a Parigi, vicino all'aeroporto di Orly. Vuoi andare a trovarla, ti fermi per un po' di tempo da lei e non sai ancora quando tornerai.

SITUAZIONE 4:
Vuoi andare qualche giorno a Parigi. Sei libero da sabato e hai bisogno di un volo andata e ritorno. Vuoi spendere il meno possibile.

STUDIAMO LA GRAMMATICA

LE PREPOSIZIONI SEMPLICI

1.A Scrivi le preposizioni al posto giusto.

in • da • a • per • tra/fra • in • a

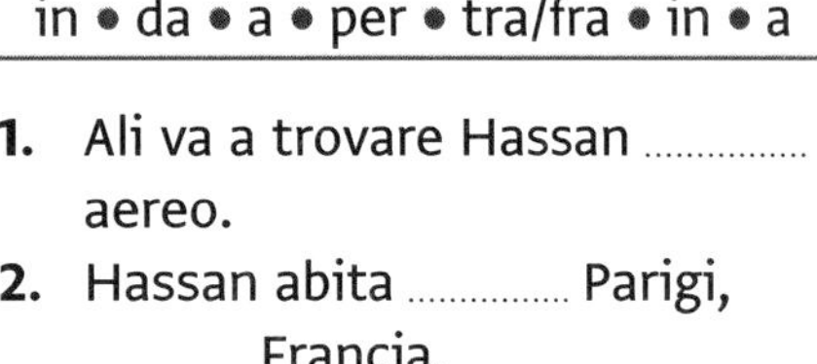

1. Ali va a trovare Hassan .... aereo.
2. Hassan abita .... Parigi, ... Francia.
3. Ali parte per Parigi .... una settimana.
4. Ali rimane a Parigi con il suo amico Hassan .... quattro giorni.
5. Ali parte .... Torino e arriva .... Parigi.

1.B Scrivi le preposizioni al posto giusto.

a • in • per • in • da • in • per • a • per • tra/fra • in • a • per • in

.... una settimana Ali parte .... Parigi .... andare .... trovare il suo amico Hassan. Hassan abita .... Parigi, ... Francia, ... diversi anni e lavora come aiuto-cuoco .... un ristorante. .... Parigi si trova bene. Ali mette .... valigia i vestiti e la mappa della città. Ali va a Parigi .... aereo perché è più veloce ed economico. Rimane a Parigi .... qualche giorno, così può visitare la città e chiedere a Hassan alcuni consigli .... cercare lavoro .... Italia.

2. Leggi le frasi e cerchia la preposizione. Poi scrivi il numero delle frasi nella tabella. Attenzione: alcune frasi contengono 2 preposizioni: devi scrivere il numero della frase 2 volte nella tabella.

Presentare le preposizioni articolate che compaiono senza soffermarsi a spiegarle nel dettaglio. Proporre eventualmente una spiegazione alla lavagna, se si ritiene che la classe sia di livello adeguato.

1. La banca è tra il supermercato e la posta.
2. Quando fa caldo, non mi piace andare al lavoro in bici.
3. Abito in Europa ormai da molti anni.
4. Da quanto tempo sei in Italia?
5. Come vieni a scuola?
6. Marco, puoi andare in farmacia?
7. ● Dove vai? ■ Vado a casa.
8. Per fare la carta di identità, bisogna andare in Comune.
9. Ho mal di gola da una settimana.
10. Ho la febbre, devo prendere l'antibiotico per dieci giorni.
11. Abito a Bergamo, una città del Nord Italia, e mi piace molto.
12. Parto da Torino e vado a Parigi.
13. Ali, tra quanti giorni parti?
14. Aziza viene dal Marocco.

IN	• Stato o continente .... • mezzo di trasporto .... • alcuni uffici o negozi ....
DA	• quanto tempo .... • città, nazione, continente ....
A	• città .... • alcuni luoghi (casa, scuola) ....
PER	• quanto tempo .... • per quale motivo ....
TRA/ FRA	• quanto tempo .... • per dire dove è qualcosa ....

PARLIAMO DI...

1. IN COPPIA **Rispondete alle domande.**

- Che cosa portate quando andate nel vostro Paese in inverno?
- E in estate?

2. Guardate l'immagine e rispondete alle domande.

- Secondo voi, che cosa mette in valigia Ali per andare a Parigi?
- Deve portare vestiti pesanti o leggeri?

CAPIAMO

ALI E SAMIRA PREPARANO LA VALIGIA PER FARE UN VIAGGIO

1. Ascolta il dialogo ▸ 42 e cerchia nell'immagine a pag. 103 gli oggetti di cui parlano Samira e Ali.

2. Ascolta di nuovo il dialogo e abbina le domande e le risposte. 

1. Hai preso gli occhiali da sole?
2. Prendi tu il passaporto?
3. Vuoi portare la maglietta bianca di cotone?
4. E le scarpe da ginnastica?
5. Portiamo l'ombrello?
6. Abbiamo dimenticato qualcosa?

A. No, quello lo lasciamo a casa.
B. Sì, lo prendo io e anche il permesso di soggiorno.
C. Ah sì, certo! Le prendo subito!
D. No, abbiamo preso tutto!
E. No, quella non la prendo, grazie.
F. Sì, li ho presi.

3. IN COPPIA Leggete tante volte il dialogo dell'esercizio 2 scambiandovi i ruoli.

ANDIAMO!

Scrivi che cosa metti in valigia per fare questi viaggi.

Viaggio 1: Vado in Germania a trovare mia sorella. È ottobre.
Viaggio 2: Vado in Africa con la famiglia. È agosto.
Viaggio 3: Vado in Albania per una settimana. È primavera.
Viaggio 4: Vado in Ucraina dalla mia famiglia. È dicembre.

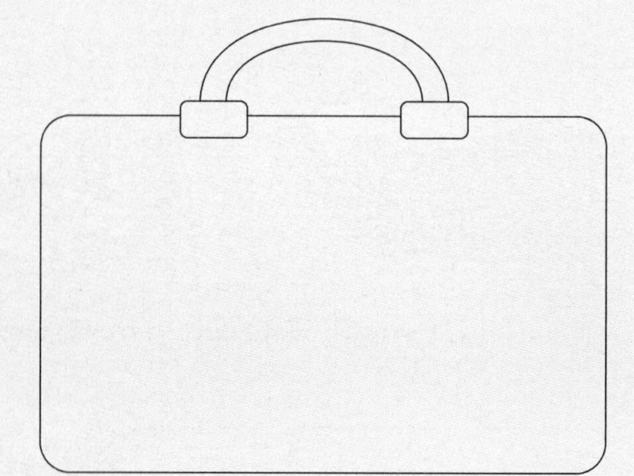

IMPARIAMO LE PAROLE

1. Dov'è il gatto? Scrivi le parole al posto giusto.

tra/fra • a destra • davanti • a sinistra • sopra • dentro • dietro • sotto

1. ....
2. ....
3. ....
4. ....

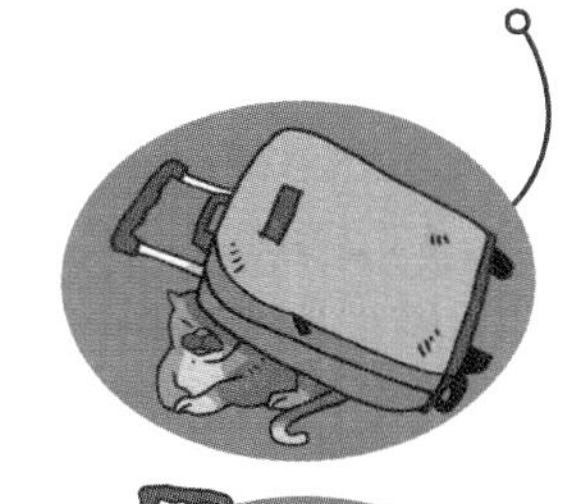

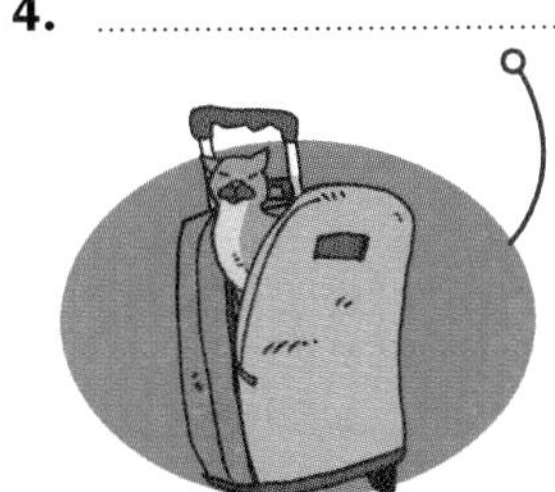

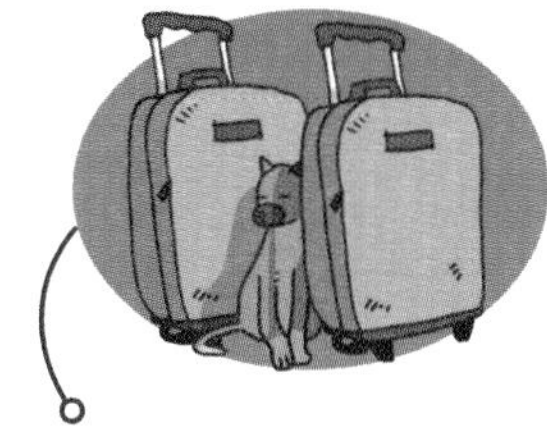

5. ....
6. ....
7. ....
8. ....

2. Guarda l'immagine a pag. 103 e completa le frasi.

tra/fra • dentro • sopra • tra/fra • sopra • sotto • dentro • a destra • dentro • sopra

1. La carta di credito è .... il portafoglio.
2. La macchina fotografica è .... la sedia.
3. Gli occhiali da vista sono .... il tavolo, ... il passaporto e il biglietto aereo.
4. Il cappotto pesante è .... l'armadio, ... della giacca.
5. La mappa della città di Parigi è sul pavimento, ... il tavolo.
6. Il cappello e gli occhiali da sole sono .... la mensola.
7. I calzini sono .... il primo cassetto.
8. Il berretto è .... la cintura e il giaccone.

ANDIAMO!

IN COPPIA **Guardate l'immagine a pag. 103. Pescate una carta con un oggetto. A turno chiedete dove si trova l'oggetto e rispondete.**

Dov'è il cellulare?

Dove sono i calzini?

STUDIAMO LA GRAMMATICA

I PRONOMI DIRETTI

1. Leggi le frasi facendo attenzione alle parole in grassetto: a che cosa si riferiscono queste parole? Cerchia le parole che sostituiscono, con l'aiuto dell'insegnante.

Guidare gli studenti nello svolgere questa attività piuttosto complessa.

1. ● Ali, hai preso gli occhiali da sole?
   ■ Sì, **li** ho presi.
2. ● Prendi tu il passaporto?
   ■ Sì, **lo** prendo io e anche il permesso di soggiorno.
3. ● Vuoi portare la maglietta bianca di cotone?
   ■ No, quella non **la** prendo, grazie.
4. ● E le scarpe da ginnastica?
   ■ Ah sì, certo! **Le** prendo subito.

2. Scrivi le parole al posto giusto.

ombrello • scarpe • sciarpa • biglietto • occhiali • passaporto • calzini • giacca • cappello • pantaloni • mappa della città • cellulare • chiavi

LA PRENDO!	LO PRENDO!	LE PRENDO!	LI PRENDO!

ANDIAMO!

IN COPPIA Pescate una carta con un oggetto. A turno chiedetevi se volete mettere l'oggetto in valigia per andare nel vostro Paese, come nell'esempio.

● Prendi le scarpe da ginnastica?
■ Sì, le prendo, così sono più comodo.
● Prendi gli occhiali da sole?
■ No, non li prendo, in Pakistan è inverno adesso!

IMPARIAMO A...

parlare del tempo libero

1. Scrivi le parole al posto giusto.

ping-pong • lotta • cricket • basket / pallacanestro • calcio • ballo • pallavolo • pattinaggio sul ghiaccio • tennis • baseball

1. ....

2. ....

3. ....

4. ....

5. ....

6. ....

7. ....

8. ....

9. ....

10. ....

2. Rispondete alle domande.

- Fate sport o altre attività nel tempo libero?
- Avete fatto qualche sport nel vostro Paese?
- E qui in Italia?
- Quali sport sono più diffusi nel vostro Paese?

3. Leggi quali sport fanno queste persone. Poi scrivi il numero delle foto al posto giusto.

1

2

3

A ☐ Mi chiamo Maninder, sono arrivato in Italia sei mesi fa. È difficile vivere in Italia, perché non capisco ancora bene l'italiano e a volte mi sento molto solo: mi manca l'India, la mia famiglia e i miei amici. Però mi piace l'Italia e spero che presto sarò felice. Ho molti amici indiani, insieme andiamo a giocare quasi tutti i pomeriggi a cricket nel parco del centro città, allora mi sento un po' come a casa e mi passa la nostalgia.

C ☐ Mi chiamo Ilham, vengo dall'Algeria. Sono venuta in Italia con il ricongiungimento familiare perché mio marito lavora a Napoli da dieci anni. Da quando sono in Italia, passo molto tempo in casa da sola, però esco per fare la spesa, per andare a scuola di italiano e qualche volta vado al parco a correre con la mia amica Somi. Mi mancano le mie amiche in Algeria e anche il cibo e le feste. In Algeria balliamo una danza molto lenta. Qui in Italia mi sono iscritta a un corso di ballo, ma non mi piace, non è come in Algeria, è molto più faticoso e la musica è diversa.

B ☐ Mi chiamo Lamine, vengo dal Gambia. Sono in Italia da sei anni e sono felice. Lavoro come aiuto-cuoco in un ristorante italiano e abito con la mia fidanzata, Sara, in un bell'appartamento in periferia. Nostra figlia, Flora, oggi compie tre anni. Nel mio Paese, a Brikama, ero un famoso giocatore di calcio. Quando sono arrivato in Italia, ho subito cercato una squadra di calcio per giocare. È stato molto utile, perché ho trovato tanti amici e ho anche imparato bene l'italiano.

ANDIAMO!

Pigro o sportivo? Che cosa fate nel tempo libero?

Scrivere alla lavagna il nome degli studenti e chiedere a ciascuno che cosa fa nel tempo libero. Poi eleggere insieme alla classe il più sportivo e il più pigro. È importante che l'attività sia svolta in modo ludico.

UNITÀ 10

SAMIRA VA AL SUPERMERCATO A FARE LA SPESA

L'ANGOLO DELLA PRONUNCIA

OGGI VOGLIO COMPRARE GLI GNOCCHI, LA PASTA SFOGLIA E LE LASAGNE. UN PO' DI AGLIO PER DARE SAPORE E LE CASTAGNE PER FINIRE.

PARLIAMO DI...

1. Rispondete alle domande.

- Quale festa importante c'è nel vostro Paese?
- Quando si festeggia?
- Come si festeggia?
- Quanto dura?
- C'è un piatto speciale che le persone mangiano durante questa festa?
- Che cosa si beve?

2. Guardate le foto e dite tutti i nomi dei cibi che conoscete.

Scrivere alla lavagna tutti i nomi che dicono gli studenti.

CAPIAMO

SAMIRA VA A FARE LA SPESA PERCHÉ DEVE CUCINARE PER LA FESTA ALLA SCUOLA DI ITALIANO

1. Guarda/ascolta e segna con una x la risposta giusta.

1. Samira vuole cucinare
   - un piatto somalo.
   - un piatto italiano e un piatto somalo.
2. Nel reparto verdura Samira compra
   - cipollotti, carote, peperoni e pomodori.
   - cipolle, zucchine, peperoni e pomodori.
3. Samira compra
   - solo prodotti per la festa.
   - prodotti per la festa e per la sua famiglia.
4. Samira
   - ama la pasta integrale.
   - compra la pasta integrale.
5. Samira compra
   - verdure, olio, carne e formaggio.
   - verdure, frutta, formaggio e uova.
6. Samira
   - prende un sacchetto.
   - prende tre sacchetti.

2.A Guarda/ascolta di nuovo e scrivi le parole al posto giusto.

cipollotti • peperoni • tonno • olive • olio • riso • pasta • fettine di manzo • carne trita • formaggio

SAMIRA COMPRA	
per la festa alla scuola di italiano	per la sua famiglia

2.B Guarda/ascolta ancora e completa.

risotto • patate • pasta sfoglia • primo • famiglia • *sambusa*

Domani c'è la festa alla scuola di italiano. Samira ha deciso di preparare due piatti. Come .... vuole cucinare un piatto tipico italiano: il .... Come secondo vuole fare un piatto somalo che si chiama .... Per questo piatto servono: la carne, la ...., le verdure e le .... Samira compra anche alcune cose per la sua ....

IMPARIAMO LE PAROLE

1.A IN COPPIA Scrivete i nomi dei cibi al posto giusto.

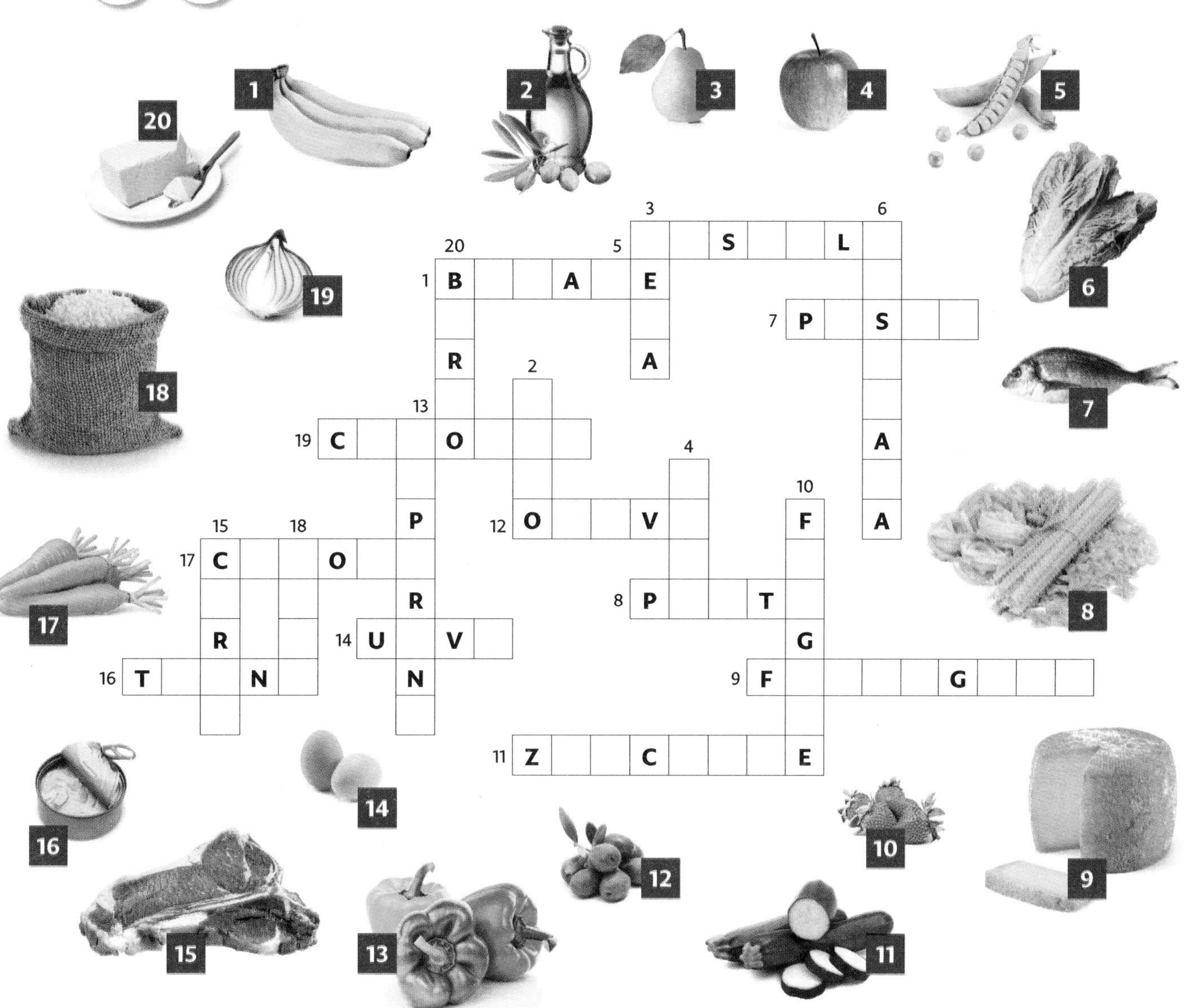

1.B IN COPPIA Quali altri nomi di cibi conoscete? Scriveteli nella tabella.

FRUTTA	VERDURA	ALTRO

COSA DICIAMO PER...

1. Ascolta e ripeti con l'intonazione giusta.

Questo esercizio si presta per lavorare sull'intonazione della frase.

1. Vediamo un po'... piselli in scatola, eccoli. Prendo questi, li ho già provati e mi piacciono molto.
2. A me piace molto la pasta integrale.
3. E adesso le fettine di manzo, che piacciono tanto a mio marito Ali.

2. Completa i dialoghi.

mi piace • mi piacciono • ti piace • ti piacciono • non mi piace • non mi piacciono

1. ● Khan, ... il riso?
   ■ Sì, ...! Lo mangio tutti i giorni! E a te?
   ● No, ... il riso, preferisco la pasta.
2. ● Sannah, ... i peperoni?
   ■ No, ... E a te?
   ● Sì, ... molto!

RICORDA!

MI PIACE + NOME SINGOLARE:
• MI PIACE LA PASTA. / MI PIACE IL GELATO.

MI PIACE + VERBO:
• MI PIACE LEGGERE. / MI PIACE CUCINARE.

MI PIACCIONO + NOME PLURALE:
• MI PIACCIONO LE ZUCCHINE. / MI PIACCIONO I POMODORI.

ANDIAMO!

IN COPPIA **Scrivi nella tabella il nome di 5 cibi che ti piacciono e di 5 cibi che non ti piacciono. Poi intervista il tuo compagno sui suoi gusti e completa la tabella, come nell'esempio.**

Eden, ti piace il latte?

No, non mi piace.

Eden, ti piacciono i biscotti?

Sì, mi piacciono molto!

IO		IL MIO COMPAGNO	
☺	☹	☺	☹
		biscotti	*latte*

STUDIAMO LA GRAMMATICA

IL GRUPPO NOMINALE: SINTESI

1.A Scrivi le parole al posto giusto.

scalogno • ~~pomodori~~ • zucchine • banana • ~~spinaci~~ • riso • ~~pesce~~ • carne • piselli • ~~aglio~~ • arancia • ~~zucchero~~ • formaggio • ~~olive~~ • zenzero • gnocchi • ~~pasta~~ • olio • ~~acqua~~

RICORDA!

LO + NOMI **MASCHILI SINGOLARI** CHE INIZIANO CON **Z**, **SP**, **SC**, **ST**, **SF**, **GN**, PER ESEMPIO: **LO Z**UCCHERO, **LO SC**ALOGNO.

GLI + NOMI **MASCHILI PLURALI** CHE INIZIANO CON **Z**, **SP**, **SC**, **ST**, **SF**, **GN** O **VOCALE**, PER ESEMPIO: **GLI GN**OCCHI, **GLI A**SPARAGI.

IL	LO	LA	L' (MASCHILE)
pesce	*zucchero*	*pasta*	*aglio*
L' (FEMMINILE)	**I**	**GLI**	**LE**
acqua	*pomodori*	*spinaci*	*olive*

1.B Leggi la lista della spesa, poi scrivi le parole al posto giusto nella tabella dell'esercizio 1A.

Lista delle cose da comprare:

- mele
- burro
- insalata
- cipolle
- panna da cucina
- pangrattato
- prosciutto cotto
- fagioli
- bistecche
- peperoni
- petti di pollo
- tonno
- biscotti
- latte
- yogurt

2. Scrivete gli aggettivi adatti a ciascun cibo con l'aiuto dell'insegnante. Attenzione: cambiate l'ultima lettera se necessario.

L'esercizio si può svolgere scrivendo più di un aggettivo per alimento. L'esercizio non introduce nuove regole grammaticali perché è un'attività di rinforzo sul gruppo nominale: la concordanza dell'aggettivo con il nome è stata trattata nell'Unità 2 e nell'Unità 7.

misto • rosso • amaro • bollito • fritto • dolce • saporito • cotto • crudo

1. I peperoni ....
2. Le carote ....
3. L'insalata ....
4. Il caffè ....
5. Il pollo ....
6. Le fragole ....
7. La pasta ....
8. La carne ....

RICORDA!

L'uovo sod**o**. **Le** uov**a** sod**e**.

ANDIAMO!

A SQUADRE Abbinate articoli, nomi e aggettivi nel modo giusto. 

Formare squadre di 3 o 4 studenti. Consegnare a ciascuna squadra un set di carte che si trovano in Appendice. Lasciare circa 5 minuti per fare formare gruppi nominali con le parole date. Vince la squadra che forma più gruppi nominali corretti.

FONETICA

1. Pronuncia queste parole con l'aiuto dell'insegnante.

famiglia • montagna

2. Ascolta e ripeti le parole che senti. 

3. Ascolta le parole e segna con una x il suono che senti. 

	1	2	3	4	5	6	7	8	9	10	11	12
[ɲ] (GN)												
[ʎ] (GL)												

IMPARIAMO LE PAROLE

1.A **Ascolta e segna con una x la parola giusta. Poi scrivila nella frase.** ▸ 47

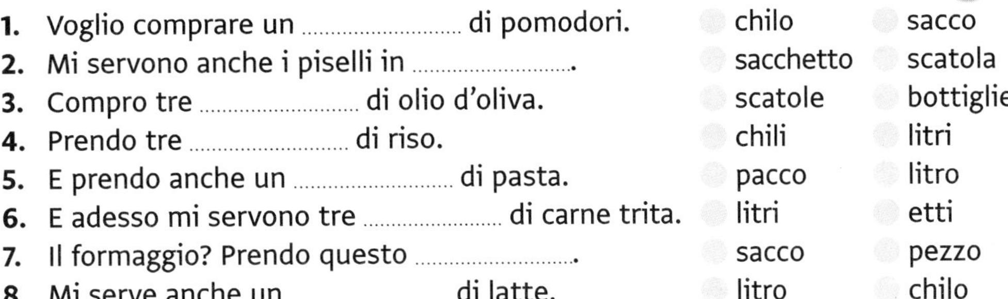

1.	Voglio comprare un .... di pomodori.	chilo	sacco
2.	Mi servono anche i piselli in	sacchetto	scatola
3.	Compro tre .... di olio d'oliva.	scatole	bottiglie
4.	Prendo tre .... di riso.	chili	litri
5.	E prendo anche un .... di pasta.	pacco	litro
6.	E adesso mi servono tre .... di carne trita.	litri	etti
7.	Il formaggio? Prendo questo	sacco	pezzo
8.	Mi serve anche un .... di latte.	litro	chilo

1.B **Segna con una x la parola giusta, poi scrivila nella frase.**

1.	Devo comprare un .... di detersivo per la lavatrice.	flacone	pacchetto
2.	Voglio prendere anche un .... di olive.	tubetto	vasetto
3.	Prendo una .... di arance.	scatola	cassetta
4.	Prendo anche una .... di tonno.	scatoletta	bottiglietta
5.	Compro una birra in	scatola	lattina

ANDIAMO!

IN COPPIA **A turno pescate una carta e create dialoghi come nell'esempio.**

Prima di fare svolgere l'attività, scrivere qualche esempio alla lavagna e accertarsi che sia chiaro per tutti che 2 €/kg si legge «due euro al chilo» e che 1 €/l si legge «un euro al litro».

patate • 2 €/kg • due chili

● Quanto costano le patate?
■ Due euro al chilo.
● Allora ne prendo due chili.
■ Ecco a Lei. Sono quattro euro in tutto.

carne • 6 €/kg • sette etti

● Quanto costa la carne?
■ Sei euro al chilo.
● Allora ne prendo sette etti.
■ Va bene. Sono quattro euro e venti.

2. **Leggi i cartellini, poi scrivi il numero delle frasi al posto giusto. Fai bene i conti!**

RICORDA!

kg = chilo g = grammi
l = litro
(100 grammi = 1 etto,
1000 grammi = 1 chilo)

1. Ecco, sono qui, finalmente! E costano anche poco, meno di 3 € al chilo!
2. Allora, vediamo un po', costa 6 € al chilo. Che cosa dici, lo prendiamo?
3. Guarda, proprio quello che cercavi. Il prezzo è di solo 4 € al chilo!

COSA DICIAMO PER...

1. Ascolta e metti in ordine le frasi. 

Lasciare agli studenti il tempo di leggere il dialogo in disordine prima di iniziare l'ascolto.

☐ Sì, grazie.
☐ Prendo due chili di quelle bianche, grazie.
☐ Mi servono delle cipolle, per favore.
1 Buongiorno Samira, che cosa ti serve oggi?
☐ Basta così?
☐ Le piccole bianche costano 1,50 € al chilo, le rosse invece 2 € al chilo.
☐ Ecco qua. Serve altro?
☐ Quale tipo vuoi? Abbiamo queste bianche oppure abbiamo quelle rosse.
☐ Sì, un sacco da tre chili di patate.
☐ Quanto costano?

ANDIAMO!

1. Domani è l'ultimo giorno del corso di italiano e c'è una festa. Ciascuno porta un piatto tipico del suo Paese. E voi, che cosa portate? Decidete insieme i piatti da portare e scriveteli su un foglio. 

2. Adesso scrivete che cosa serve per preparare il piatto che avete scelto e in che quantità.

3. IN COPPIA A turno fate il commesso e il cliente che compra quello che gli serve per preparare il piatto.

L'attività si articola in 3 parti che permettono di simulare la spesa in un negozio riutilizzando il lessico e le funzioni viste nel corso dell'unità. Dividere la classe in gruppi di 4 persone (meglio se di nazionalità mista) e consegnare a ciascun gruppo una copia del foglio che si trova in Appendice. Poi seguire le indicazioni dell'esercizio.

STUDIAMO LA GRAMMATICA

L'IMPERFETTO

1. Ascoltate il dialogo e rispondete. 

- Perché Samira ha scelto di preparare i *sambusa*?

2. Ascolta di nuovo il dialogo e completa. 

era • mangiavamo • abitavano • guardavo • cucinava • facevo • venivano • ero • faceva

Mi ricordano la Somalia e quando .... bambina. Mia mamma .... i *sambusa* nei giorni di festa, li .... sempre molto buoni. Io .... e .... tante domande, perché per me .... tutto speciale. Poi li .... anche i miei zii che .... vicino a noi.

3. Completa la tabella dei verbi all'imperfetto con l'aiuto dell'insegnante.

Dopo avere completato la tabella, limitarsi a mostrare che "fare" ed "essere" si comportano diversamente dagli altri verbi.

	IO	TU	LUI/LEI	NOI	VOI	LORO
CUCIN-ARE	CUCIN-**AVO**	CUCIN-..........	CUCIN-..........	CUCIN-..........	CUCIN-**AVATE**	CUCIN-..........
CHIED-ERE	CHIED-..........	CHIED-..........	CHIED-**EVA**	CHIED-..........	CHIED-..........	CHIED-**EVANO**
VEN-IRE	VEN-..........	VEN-**IVI**	VEN-..........	VEN-**IVAMO**	VEN-..........	VEN-..........
FARE	FA-C-**EVO**	FA-C-..........	FA-C-..........	FA-C-**EVAMO**	FA-C-..........	FA-C-..........
ESSERE	....	**ERI**	....	**ERAVAMO**	**ERAVATE**	....

RICORDA!

L'imperfetto si usa per parlare di **abitudini nel passato**.
Si usa con parole come **sempre, di solito, tutti i giorni, spesso**, per esempio:

Quando ero piccolo, **mangiavo sempre** il gelato al cioccolato, ma adesso mangio solo il gelato alla frutta.

ANDIAMO!

IN COPPIA Completa la prima colonna della tabella in Appendice, poi fai le domande al tuo compagno, come nell'esempio, e scrivi le sue risposte. 

Fotocopiare e distribuire la tabella in Appendice.

- ● Da bambino mangiavo sempre il cous cous.
- ■ Davvero? E chi lo cucinava?
- ● Mia mamma. Preparava il cous cous tutti i sabati. E tu, che cosa mangiavi da piccolo?

IMPARIAMO A...

leggere una ricetta e parlare di alimentazione

1. A SQUADRE **Uno studente mima uno dei verbi qui sotto e le squadre devono indovinare.**

Scrivere alla lavagna i verbi e leggerli insieme alla classe prima di iniziare l'attività. Accertarsi che il loro significato sia chiaro per tutti.

mescolare • mettere • tagliare • tritare • stendere • riempire • friggere

2. Leggi la ricetta dei *sambusa* e scrivi il numero delle frasi al posto giusto.

Ingredienti per 4 persone

- 1 peperone verde
- 1 cipolla bianca
- 450 g carne trita di manzo
- succo di 1 limone
- 170 g farina
- pepe nero
- peperoncino
- cumino
- sale

SAMBUSA (Somalia)

Preparazione

(1) Tagliate a fette il peperone verde e la cipolla.

Mettete in una padella la carne trita, il peperone, la cipolla, il succo di limone, il pepe nero, il peperoncino e il sale. Cuocete fino a quando il succo di limone non è evaporato, togliete dal fuoco e lasciate riposare per mezz'ora. Aggiungete il cumino. Mescolate un cucchiaio di farina in un bicchiere d'acqua. **(2)** Impastate la farina rimasta con acqua e sale, fino a ottenere un impasto abbastanza elastico.

Stendete l'impasto: formate un cerchio molto sottile. **(3)** Tagliate il cerchio in quattro e ottenete quattro parti triangolari, prendete due angoli del triangolo e incollateli: usate l'acqua e la farina. **(4)** Riempite i triangoli con la carne e incollate l'ultimo angolo. Friggete i triangoli in olio di semi d'arachide bollente. Potete riempire i *sambusa* anche con il tonno.

RICORDA!

NELLE RICETTE I VERBI SONO DI SOLITO ALL'**INFINITO** (MESCOLARE, CUOCERE, TAGLIARE ECC.) OPPURE, COME IN QUESTA RICETTA, ALL'**IMPERATIVO PLURALE** (MESCOL**ATE**, CUOC**ETE**, TAGLI**ATE** ECC.).

A ☐

B ☐
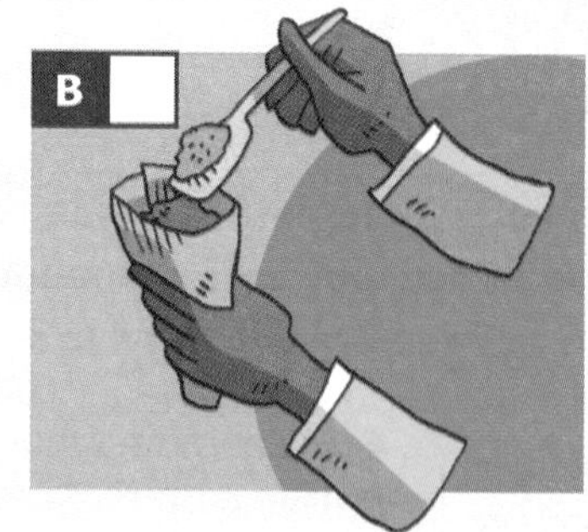

C ☐

D ☐
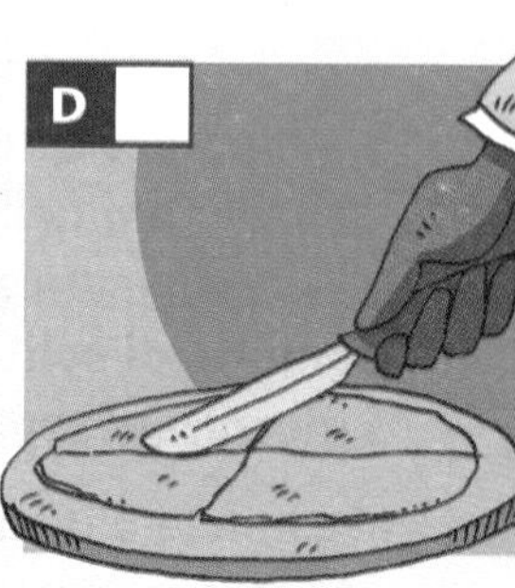

3. Conoscete una ricetta italiana? Dite gli ingredienti necessari e come si fa.

ANDIAMO!

Scrivete, in gruppo, il menu per la festa di fine corso. Poi, in coppia, scrivete il testo di una delle ricette del menu.

È un'attività di scambio interculturale e di produzione sia orale sia scritta. Il gruppo crea un menu che rispecchi le diverse nazionalità presenti in classe. Poi formare coppie della stessa nazionalità per scrivere le ricette. Il modulo per la ricetta si trova in Appendice.

Festa di fine corso di italiano:
IL NOSTRO MENU

Antipasti ....

Primi piatti ....

Secondi piatti ....

Piatti unici ....

Dolci ....

4. Guarda la foto e scrivi le parole al posto giusto. Poi rispondi con la classe.

È importante condurre una conversazione su questo tema che sia rispettosa delle diverse tradizioni alimentari.

latte, fomaggio e yogurt • carne e pesce • pane, pasta, cereali e riso • grassi e dolci • verdura • frutta

Piramide alimentare

4. ....

3. ....

5. ....

2. ....

6. ....

1. ....

- Che cosa suggerisce questa foto?
- Sei d'accordo?

E per finire...

In Appendice si trovano il materiale e le istruzioni per questa attività.

Referenze fotografiche:

p. 3: © foto Zenit Arti Audiovisive; p. 4: © Rawpixel.com/Shutterstock.com; © foto Zenit Arti Audiovisive; p. 7: © Monkey Business Images/Shutterstock.com; p. 10: © foto Zenit Arti Audiovisive; p. 11: © NakoPhotography/Shutterstock.com; © bikeriderlondon/Shutterstock.com; © ICPonline; © hxdbzxy/Shutterstock.com; © foto Zenit Arti Audiovisive; © v.s.anandhakrishna/Shutterstock.com; © carlo bevilacqua/Marka; © Billion Photos/Shutterstock.com p. 12: © Olena Yakobchuk/Shutterstock.com; © BlueSkyImage/Shutterstock.com; © MilanMarkovic78/Shutterstock.com; © aza_za/Shutterstock.com; © Dragon Images/Shutterstock.com; © Erwin Purnomo Sidi/123rf; p. 13: © Tetiana Yurchenko/Shutterstock.com; p. 14: © A Aleksii/Shutterstock.com; p. 15: © Ferenc Szelepcsenyi/Shutterstock.com; p. 19: © Javier Larrea/Marka; © eurobanks/Shutterstock.com; © foto Zenit Arti Audiovisive; p. 21: © MAFord/Shutterstock.com; © Iriana Shiyan/123rf; © JPagetRFPhotos/Shutterstock.com; © Gente casa, marzo 2002; © Toshe Ognjanov/Shutterstock.com; © Pack-Shot/Shutterstock.com; © sharpen/Shutterstock.com; © zhu difeng/Shutterstock.com; p. 22: © foto Zenit Arti Audiovisive; p. 24: © Photographee.eu/Shutterstock.com; © zhu difeng/Shutterstock.com; © AnnaIA/Shutterstock.com; © Paul Matthew Photography/Shutterstock.com; p. 27: © foto Zenit Arti Audiovisive; p. 28: © yampi/Shutterstock.com; © john austin/Shutterstock.com; p. 30: © Matee Nuserm/Shutterstock.com; © Evan Lorne/Shutterstock.com; © Enki Photo/Shutterstock.com; © photka/Shutterstock.com; p. 32: © bikeriderlondon/Shutterstock.com; © Africa Studio/Shutterstock.com; © win nond/Shutterstock.com; © withGod/Shutterstock.com; © Deka Mohamed; © Paolo Bona/Shutterstock.com; © Deka Mohamed; p. 33: © foto Zenit Arti Audiovisive; p. 35: © foto Zenit Arti Audiovisive; p. 37: © mimagephotography/Shutterstock.com; © FABIO CIMAGLIA/AG.SINTESI; © PhotoHouse/Shutterstock.com; © Di Studio/Shutterstock.com; © gpointstudio/Shutterstock.com; © Adam Gregor/Shutterstock.com; © Milles Studio/Shutterstock.com; © eldar nurkovic/Shutterstock.com; p. 38: © Andresr/Shutterstock.com; p. 39: © dotshock/Shutterstock.com; © Richard Levine/Alamy; © Monkey Business Images/Shutterstock.com; p. 40: © Blaj Gabriel/Shutterstock.com; © Andrey_Popov/Shutterstock.com; © R.L.Farinos/Shutterstock.com; © Shutterstock.com; © goldyg/Shutterstock.com; p. 41: © Shyamalamuralinath/Shutterstock.com; © Sergey Novikov/Shutterstock.com; © oliveromg/Shutterstock.com; © Phase4Studios/Shutterstock.com; p. 43: © foto Zenit Arti Audiovisive; © Tund/Shutterstock.com; © Mirco Vacca/123rf.com; © Art Konovalov/Shutterstock.com; © Hermes Images/AGF; © Rafal Olechowski/Shutterstock.com; © iryna1/Shutterstock.com; © Polonio Video/Shutterstock.com; © Joymsk140/Shutterstock.com; p. 44: atac.roma.it; © foto Zenit Arti Audiovisive; p. 45: © Marco Scisetti/Shutterstock.com; © B.Antonello; © Tupungato/Shutterstock.com; © Photobac/Shutterstock.com; © foto Zenit Arti Audiovisive; p. 46: © TTphoto/Shutterstock.com; ginnyblanford.wordpress.com; sfmtorino.it; © Art Konovalov/Shutterstock.com; © spinetta/Shutterstock.com; ferrovienordbarese.it; © Bettina Strenske/Alamy Stock Photo; p. 49: wikiwand.com; p. 50: © g-stockstudio/Shutterstock.com; © antoniodiaz/Shutterstock.com; p. 52: © William Perugini/123rf; p. 54: © Deka Mohamed; © pio3/Shutterstock.com; © lexan/Shutterstock.com; © Giacomus 2006/Wikipedia/Creative Commons; p. 55: © ICPonline; p. 57: © foto Zenit Arti Audiovisive; p. 59: © YanLev/Shutterstock.com; © Georgejmclittle/Shutterstock.com; © Bolyuk Rostyslav/Shutterstock.com; © 1000 Words/Shutterstock.com; © Tomislav Pinter/Shutterstock.com; © multiart/Shutterstock.com; © Deka Mohamed; © foto Zenit Arti Audiovisive; p. 63: © Steffen Diemer/imageb/Marka; © wavebreakmedia/Shutterstock.com; © imageBROKER/Alamy/IPA; p. 65: © Tolo Balaguer/Marka; © sturti/Istock.com; © Radim Beznoska/Alamy/IPA; © wavebreakmedia/Shutterstock.com; © Toranico/Shutterstock.com; © Istockphoto.com; © Minerva Studio/Shutterstock.com; © wavebreakmedia/Shutterstock.com; met.cittametropolitana.fi.it; p. 66: © Minerva Studio/Shutterstock.com; p. 68: © wavebreakmedia/Shutterstock.com; © Iakov Filimonov/Shutterstock.com; © Syda Productions/Shutterstock.com; © Maxx-Studio/Shutterstock.com; © Gerenme/iStock/Thinkstock.com; © ENNIO BUONANNO/SINTESI; © foto Zenit Arti Audiovisive; p. 71: © foto Zenit Arti Audiovisive; p. 74: © encrier/Istock.com; © Photographee.eu/Shutterstock.com; © Dmitry Kalinovsky/Shutterstock.com; © Iakov Filimonov/Shutterstock.com; p. 76: © A and N photography/Shutterstock.com; © R.Kneschke/Shutterstock.com; p. 77: © foto Zenit Arti Audiovisive; p. 78: © Photobank gallery/Shutterstock.com; © Yeko Photo Studio/Shutterstock; © Pakhnyushcha/Shutterstock.com; © Andresr/Shutterstock.com; © Shutterstock.com; © Gemenacom/Shutterstock.com; usrecallnews.com; © Adisa/Shutterstock.com; © Karkas/Shutterstock.com; © Adisa/Shutterstock.com; p. 79: © claudio zaccherini/Shutterstock.com; p. 80: © Vlad Teodor/Shutterstock.com; © Rafa Hirsuta/Shutterstock.com; © windu/Shutterstock.com; © terekhov igor/Shutterstock.com; © coloss/123rf.com; © Teeratas/Shutterstock.com; © N.Korol/Shutterstock.com; © Jupiter Images; © Elnur/Shutterstock.com; © Kedrov/Shutterstock.com; © Alhovik/Shutterstock.com; p. 82: © Coprid/Shutterstock.com; © Karkas/Shutterstock.com; directashop.it; p. 83: © michaeljung/Shutterstock.com; © Spectral-Design/Shutterstock.com; © Eugenio Marongiu/Shutterstock.com; © rj lerich/Shutterstock.com; © Ruslana Iurchenko/Shutterstock.com; p. 84: © Sylvie Bouchard/Shutterstock.com; © Yuri Arcurs/Shutterstock.com; © Hogan Imaging/Shutterstock.com; p. 85: © g-stockstudio/Shutterstock.com; p. 86: © foto Zenit Arti Audiovisive; p. 87: © Kamira/Shutterstock.com; © 9nong/Shutterstock.com; © Creative Family/Shutterstock.com; © pathdoc/Shutterstock.com; © foto Zenit Arti Audiovisive; p. 88: © sumire8/Shutterstock.com; © bahri altay/Shutterstock.com; © Picsfive/Shutterstock.com; © Garsya/Shutterstock.com; © Ensuper/Shutterstock.com; © Evgeny Tomeev/Shutterstock.com; © Sergey Ash/Shutterstock.com; p. 89: © foto Zenit Arti Audiovisive; regione.piemonte.it; p. 91: © S.Lunardi/Shutterstock.com; © stocknroll/Istock.com; © pathdoc/Shutterstock.com; p. 93: © Dmitry Kalinovsky/Shutterstock.com; p. 94: © Tatiana Popova/Shutterstock.com; p. 96: © Spotmatik Ltd/Shutterstock.com; p. 97: commons.wikimedia.org; © Dimitrios Stefanidis/Istock.com; gardapost.it; asl.como.it; p. 98: © ssuaphotos/Shutterstock.com; © WICHAI WONGJONGJAIHAN/Shutterstock.com; © Lifestyle Graphic/Shutterstock.com; © aboikis/Shutterstock.com; welt-atlas.de; © topnatthapon/Shutterstock.com; © arnau2098/Istock.com; © Patricia Hofmeester/Shutterstock.com; © M.Stasy/Shutterstock.com; p. 99: © E.Pokrovsky/Shutterstock.com; soselettronica.it; © Master1305/Shutterstock.com; buzzusborne.com; p. 100: © SOMKKU/Shutterstock.com; p. 104: © Africa Studio/Shutterstock.com; p. 107: © isitsharp/Istock.com; © Val Thoermer/Shutterstock.com; © bikeriderlondon/Shutterstock.com; © Iakov Filimonov/Shutterstock.com; © Monkey Business Images/Shutterstock.com; © oneinchpunch/Shutterstock.com; © Syda Productions/Shutterstock.com; © Andresr/Shutterstock.com; © Zoonar GmbH/Alamy/IPA; © bikeriderlondon/Shutterstock.com; p. 108: © andresr/Istock.com; © Kencana Studio/Shutterstock.com; © imagedb.com/Shutterstock.com; p. 109: © foto Zenit Arti Audiovisive; © Rawpixel.com/Shutterstock.com; © Elena Schweitzer/Shutterstock.com; p. 111: © SVStudio/Shutterstock.com; © V.Volkov/Shutterstock.com; © Alex Staroseltsev/Shutterstock.com; © domnitsky/Shutterstock.com; © Egor Rodynchenko/Shutterstock.com; © Danny Smythe/Shutterstock.com; © Marko Poplasen/Shutterstock.com; © Olgysha/Shutterstock.com; © M.Narodenko/Shutterstock.com; © Binh Thanh Bui/Shutterstock.com; © Christian Jung/Shutterstock.com; © Maks Narodenko/Shutterstock.com; © Perutskyi Petro/Shutterstock.com; © canbedone/Shutterstock.com; © Duplass/Shutterstock.com; © Anna Kucherova/Shutterstock.com; © Evan Lorne/Shutterstock.com; © Amero/Shutterstock.com; © photos.com; p. 113: © Enlightened Media/Shutterstock.com; p. 114: © Kurmyshov/Shutterstock.com; © Maks Narodenko/Shutterstock.com; © Suradech Prapairat/Shutterstock.com; © jiangdi/Shutterstock.com; p. 116: © Michael Newton/Marka; p. 118: © Kondor83/Shutterstock.com; p. 119: © ifong/Shutterstock.com.